蓝狮子·腾讯微讲堂系列丛书①

对手

雾满拦江 著

大清擂台上的权力游戏

ZHEJIANG UNIVERSITY PRESS
浙江大学出版社

图书在版编目（CIP）数据

对手：大清擂台上的权力游戏 / 雾满拦江著. --
杭州：浙江大学出版社，2013.1
ISBN 978-7-308-10806-5

Ⅰ．①对… Ⅱ．①雾… Ⅲ．①权力－研究－中国－清
代 Ⅳ．①D691

中国版本图书馆CIP数据核字（2012）第267143号

对手：大清擂台上的权力游戏

雾满拦江　著

策 划 者	蓝狮子财经出版中心	
责任编辑	王长刚	
出版发行	浙江大学出版社	
	（杭州市天目山路148号　　邮政编码　310007）	
	（网址：http://www.zjupress.com）	
排　　版	杭州林智广告有限公司	
印　　刷	浙江印刷集团有限公司	
开　　本	710mm×1000mm　1/16	
印　　张	13.75	
字　　数	155千	
版 印 次	2013年1月第1版　2013年1月第1次印刷	
书　　号	ISBN 978-7-308-10806-5	
定　　价	32.00 元	

目 录

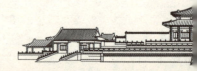

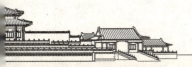

第一回

谁缔造了大清帝国？
李自成 VS 崇祯

　　大清帝国的到来，体现的不是清帝的英明神武，而是明室的崩摧所导致的权力真空。那么，大明帝国又因何而崩摧的呢？大明帝国的死亡，缘于两个孩子的人生悲剧。那么，这两个孩子是谁？他们各自有着怎样的命运，他们的人生又产生了怎样的交集？

大 清 擂 台 上 的 权 力 游 戏

两个倒霉孩子与一个帝国的死亡

水有源、树有根，人世有代谢，往来成古今。但凡作为一个人，这一生中主要思考这么几个人生问题：我是谁？我从哪里来的？我要去哪里？这是一个个非常简单的人生哲学问题，只要思考这些问题，我们就难免会追索自身的由来，也就是说追索我们的历史。正像龙应台所说的，学习历史可以让我们知道每一朵沙漠玫瑰的由来，知道万事万物都不是孤立的，都是相互联系的。而我们讲述这个问题，很多起因早在很久之前就已界定，正如我们现在打开电视，我们会看到满天的辫子戏，阿哥、格格满天飞。他们为什么满天飞？因为我们民族在探究自己：我们这个民族是怎么一步一步走到这里来的？

而当我们探索这个大清帝国的时候，我们同样要问这么一个问题，这个大清帝国它是怎么来的？为什么在我们中华民族的历史上会有大清帝国这样一个时代？一般的史学家追述这个时代的时候，他们都会探究大清帝国的第一个缔造者，也就是努尔哈赤，他是如何英明神武？他是如何打造了一套八旗的铁血军制？但是事实上，中国自古以来在权力上就有一个重要的特点，这个特点就是北克南——当然它不是普遍的。什么叫北克南

呢？新的武力中心总会在北方形成，然后向南方席卷。为什么会这样呢？
这是由中国的地势所造成的。

中国的这个地势是：一过长江一马平川，可以直捣两湖、进入西南，
这样的话，中华帝国这个权力中心在统治这个国家的时候，可以直接俯冲
到海边，绝不允许南方出现一个独立的权力中心。所以在这个帝国的统治
之下，国境之内是不会有权力中心出现的，要出现只能在东北，在权力鞭
长莫及的地方，比方说大清帝国就是在辽东龙兴。但尽管如此，辽东的一支
小武装力量想摧毁这么一个庞大的大明帝国，在逻辑上讲是不成立的，也是
不可能的。

大清帝国的建立，必须等待大明帝国自然崩摧死亡，可是一个帝国是
如何崩摧死亡的呢？

追索大明帝国的死亡起因，开始于两个小孩。

先说第一个小孩，这个小孩是一个命运悲惨至极的孩子，他是在母亲
遭到冷落、时时受到死亡威胁的情况下出生的，他自己也时刻处在死亡的
威胁之下。等到他四岁的时候，也就是在他人格刚开始形成的时候，他的
母亲被人残忍地杀害了，而他自己，也落到他的仇人手中。这是第一个孩
子的命运。

第二个孩子的命运就跟第一个孩子很不一样了，他是一个幸福的"富二
代"，他生在富贵之家，出有车、食有鱼，身边美貌的丫鬟可谓成群结队。

当这两个孩子长大之后，他们的人生就发生了交集，这种交集导致了
大明帝国权力的彻底崩摧。

怎么会有这样的事情发生呢？因为这两个孩子不是别人，他们一个是

大明帝国的亡国皇帝崇祯，一个是有名的农民起义军领袖李自成。

请猜猜，这两个孩子中哪一个是崇祯皇帝，哪一个又是农民起义军的领袖？第一个命运悲惨的孩子是李自成吗？第二个幸福无比的"富二代"是崇祯吗？

然而第一个命运悲惨至极的孩子，却是大明帝国的亡国皇帝崇祯。不对吧，这个崇祯皇帝一出生就是皇子，生在权力的中心，长在皇宫，身边伺候他的宫女太监成群结队，怎么会时刻处在死亡的恐怖威胁之下？会有这样的事情吗？

有！崇祯皇帝的命运也就是大明帝国的命运，崇祯皇帝本人就是一个帝国也无法拯救的人生悲剧。

追索崇祯皇帝的悲剧的起由，可以说是始自于大明的武宗皇帝。提到明武宗可能大家不太熟悉，但是一提唐伯虎，大家就知道了。明武宗时代，正是唐伯虎点秋香的时代。

不装疯不成活

现在关于唐伯虎的电视剧、电影可谓满天飞，人们用各种形式来恶搞唐伯虎的故事，可是无论如何恶搞，也终究恶搞不过历史事实，很多恶搞唐伯虎的电影、电视剧，其想象力从未突破过历史本身。这句话怎么理解呢？这得从唐伯虎这个人说起，话说唐伯虎在当时是天下有名的才子，但是，他非但没有点过秋香，自己反而始终处在贫困交加的落魄状态。

忽然有一天，当时的宁王给他发来了请帖，请他去要供养他，唐伯虎

接帖后很开心，立即赶到，但到那儿之后就发现不对了。他发现什么呢？发现这个宁王要造反！这时候唐伯虎吓了一身冷汗，心想这还了得，看这个宁王明显是脑壳进水，这个思路一点不畅，这年月你造反能成功吗？而且，如果宁王造反，成功了，肯定是没有唐伯虎的份，假如失败，唐伯虎肯定会作为第一号战犯被追究。为什么？因为他太有名。这个时候唐伯虎想我得脱身、我得逃，可是宁王既然把他骗来了，岂能容他逃走？唐伯虎最后想了一个不是办法的办法：他装疯。他把全身的衣服脱掉，每天在宁王府里跑来跑去，丑态百出。宁王一看：挺好的一个才子嘛，还没点秋香呢就成疯子了，快把他赶走吧。就这样，唐伯虎就脱身逃出来了，宁王这时也起兵造反了。

结果宁王确实有点背，正逢中华儒家智慧两千年才出现的这么一个奇才——大儒王阳明——横空出世。王阳明是参通了天地造化的一代圣者，他孤身夜奔、千里单行、只身一人、弹指风云之间，就将宁王的造反彻底平定。这在整个中国历史上也是极其罕见的。

当王阳明平定了宁王的叛乱之后，武宗皇帝是什么反应？武宗皇帝勃然大怒，立即派人要求王阳明马上给我把宁王放了。为什么呢？因为武宗皇帝他要玩，他要亲自去把宁王抓住。但是一旦放虎归山，他武宗皇帝能抓得住吗？

最后王阳明跟武宗皇帝达成秘密协议，说这个宁王咱们也不放了。但是抓住宁王的这个功劳呢，就算你皇帝的，不算我王阳明的。达成这个协议之后，就把宁王关在囚车里一直押送到了南京。这一天的南京演校场，那是锣鼓喧天、彩旗招展、人山人海啊，看什么呢？看宁王的囚车押到，门一打开，一身武生打扮的明武宗冲上去就打。宁王这个上火，这都什么烂皇帝，心说这种皇帝我造个反你还不让，这不是添乱吗?

那一天在南京，两个皇族的武学高手展开了生死搏斗，谁赢了呢? 肯定是武宗赢了，因为宁王被关在囚车里许多天，不给吃不给喝的，功力减半了。这就是明武宗治理国家的风格。

事实上，明武宗是一个绝顶聪明、绝顶智慧的人，他知道怎么把这个国家治理好，他也知道怎么把这个国家摧毁。每天睡前的时候，他都叮嘱自己：不能再玩了，我得负起历史责任来，把国家建设好。可等第二天早上一起来：我再玩一天吧。

他就这样每天玩，一直玩到他死，然后留下遗言说：我这辈子真有点对不起国家，那些跟随我作恶的人，我纵容了他们，但是责任都在我身上，你们就不要追究他们了。从这就可以看出来这个人的智慧，可以说是已经洞穿了古今，可就是有一点，他控制不住自己的玩乐天性。

明朝那些稀奇古怪的皇帝们

明武宗死后，没有儿子，大臣们先是把明武宗身边的近臣全部杀掉，然后选了一个新皇帝，就是明武宗的堂弟，历史上称为世宗皇帝。

世宗皇帝一登基就遇到了"大礼之争"，什么叫大礼之争呢? 其实是这些大臣们故意搞他，说你是当了皇帝了，可是你这个皇位呢，不是从你爹那儿继承来的，是从你表哥那继承来的，所以呢，往后你不能管你爹叫爹了，你也不能管你妈叫妈了。世宗皇帝这个别扭啊，心想我当了皇帝，怎

么爹妈都不能认了？不行，这个事一定要说清楚。这场大礼之争延续了很久，导致三百多名大臣入狱，几十名大臣在朝堂上被廷杖活活打死，最后明世宗取得了胜利。

胜利之后，世宗皇帝彻底享受到了权力的快感。然后他开始追求一个人生目标。什么目标呢？长生不老。他希望永远活下去，于是搞了一帮和尚道士，天天在宫里炼丹。但是这丹是一边吃一边感觉到身体越来越不行，他就想，有什么办法长生不老呢？这时候，有个术士给他进了一言，说按照天地之间的法则，两龙不可会面。什么意思呢？就是说你皇帝是一条真龙，但是太子他也是一条真龙。一旦你这两条龙一见面，上面老天爷一看：怎么回事？下面怎么冒出两条龙了？那么老龙回来吧。这样一来，你世宗皇帝就不能延年益寿了，你就得回归天国了，所以为了长命百岁，你不能跟太子见面。

所以世宗皇帝从此就不见太子面，而且拒绝听到太子的任何消息。太子是谁呢？太子是穆宗隆庆皇帝。这个皇帝悲催啊，他每天在皇宫里东躲西藏，生怕父亲听到他的消息，一旦听到他必死无疑。

就在这种恐惧中，太子妃怀孕了。这把太子吓得要命，因为其他所有的事都可以对皇帝瞒着，但是太子妃怀孕了要生孩子这事不能瞒啊，必须上报。可上报后万一世宗皇帝一看：这还有一条龙？先把他杀了，就惨了。所以为了保命，太子，也就是穆宗隆庆帝就想了个办法，搞来了一剂打胎药，给太子妃灌了下去。结果，灌下去之后孩子没毒死，却给毒出了毛病。

太子妃怀的这个孩子，就是神宗皇帝，由于这剂打胎药的原因，他的形貌跟正常人完全两样。他长得是什么样子呢？我们可以想象一下西天取经的沙和尚，把他关在一个黑屋子里饿八个月再拉出来，那个人铁定就是神宗的模样。

什么模样呢？脑门是尖的，而且上面不长头发，因为这个毒药侵入的原因，然后周围一圈你说不是头发还一根一根的，你说是头发还打卷带烫的，总之是一个怪物。

而且这神宗皇帝，他的一生都沉浸在一种莫名其妙的悲愤中。他为什么悲愤？替这孩子想一想吧，他意识尚未形成，正在母腹享受着一种安全的时候，突然就感觉到烈火灼身，一股毒药向他侵来。他不明白这个世界发生什么了，到底为什么这么对待他。他悲愤、他痛苦，但他又不知道原因何在，这种心态导致他采取了一种鲜明的执政风格。什么风格？大罢工，神宗皇帝罢工 39 年不上朝、不理事、不问政。这个时代的帝国出现了一个非常离奇的现象，很多大臣就一直干到老死了，但老死了之后这个位置就缺着，没人填补。为什么没人填补？你要填补必须得皇帝批准，他不上朝你批什么批？于是整个帝国就彻底瘫痪了。

这期间神宗皇帝十分宠爱一个郑贵妃，郑贵妃生了个孩子就是福王。这个福王死得很惨，后来被李自成给杀了，还被喝光了血之后煮熟吃掉了。郑贵妃希望自己的儿子福王当皇帝，然后她又重演了前面的历史，对太子进行打压，希望神宗皇帝杀掉太子。

太子是谁呢？太子就是下一任皇帝光宗。这时候光宗在宫里又跟他的祖先一样每天诚惶诚恐地到处躲藏度日子。光宗有两个太子妃：一个是刘氏，刘氏生了一个孩子，这个孩子是大明帝国倒数第二个皇帝天启皇帝熹宗；还有一个太子妃是王氏，王氏生的孩子就是未来的亡国皇帝崇祯。

就在这个光宗皇帝心里极度失衡的时候，他的身边来了一个女人，这个女人是谁呢？这个女人在历史上简直无法说清她的来历，她也就是选入宫中伺候光宗皇帝的一名女侍。用我们现在的话，这名女侍最多是个小保姆。

历史上称她为李选侍，没有留下名字。她进宫之后，很快就轻易地俘虏了光宗皇帝的心，接着她就开始折磨她前面的那几个女人。第一个受到折磨的是熹宗皇帝的母亲刘氏，在熹宗14岁那一年，她被李选侍活活打死了。——可以确信在这一系列的"家暴"中，光宗必然参与了。设想一个小保姆打死女主人，如果没有男主人的许可和参与，是不可能的。这是熹宗皇帝的人生悲剧。

然后就是崇祯皇帝。这时候崇祯皇帝刚刚四岁。李选侍对崇祯皇帝的母亲王氏特别仇恨，每天用各种法子虐待她。最后李选侍下了毒手，在一个寒冬腊月，逼迫王氏脱了衣服站到门外去。王氏不敢反抗，因为那是在宫里，她更不敢让光宗皇帝知道这个。所以，崇祯皇帝很有可能目睹了这一出人生悲剧，眼睁睁地看着自己的母亲被一个莫名其妙的凶狠女人推到门外活活冻死。

于是，熹宗皇帝跟崇祯皇帝，这两个孩子，一个十四岁，一个四岁，就落到了仇人李选侍的手中，由李选侍把他俩抚养长大。能想象这是一种什么样的成长环境吗？其残酷、可怕、恐怖，已经达到了极点。害死生母的仇人来抚养你，她能很好对待你吗？有的只是一种奴隶人格的训练。

魏忠贤的发迹传奇

就在这个李选侍残酷虐待这两个帝国未来皇帝的时候,又一个人横空出世了,是谁呢? 魏忠贤。

说起魏忠贤这个人呢,他一开始不叫魏忠贤,他的名字叫李尽忠。因为谋生无望,没有生存能力,后来他就想: 若想成功必先自宫,我干脆自宫之后入宫当太监,一旦我混到皇帝身边,那就是人生成功了。在这种动力驱使下,他"咔嚓"一刀,把自己废了,然后进了皇宫。

到了皇宫之后他就后悔了,为什么? 皇宫人满为患,一个萝卜一个坑,他进来时是以普通员工进来的,职位是最低的,就是一个扫地的小太监,谁都可以踹他两脚,出了事可以拿他当临时工,顶替责任。当时李尽忠一看这下惨了,说我要在皇宫里这么一直待下去,迟早窝囊死,不会有什么出息了,那怎么办呢? 我干脆逃走吧。

于是在一天夜里,李尽忠翻越皇宫围墙逃了,他逃到什么地方去了呢? 他直接去了四川,为什么去四川? 因为他幼年有一个朋友,两人一块玩大,那个朋友在四川做了很大的官。李尽忠就想: 我这朋友发达了,我去了他怎么也得照顾我。果然,他到了四川之后,那个朋友是道礼相迎,说我正要到处找你,你终于来了,然后把李尽忠带到黑屋,"咔嚓"给门锁上了,说李尽忠你还记得我是你的朋友,你还记不记得从小到大你多少次欺负我、侮辱我、蹂躏我? 李尽忠说你看你看这不是咱们兄弟闹着玩吗? 朋友说你是闹着玩,你在蹂躏别人的快感中当玩,可是我心中的屈辱,已经把我的人格都快要摧毁了,我是不会饶过你的。今天你落到我手

里，我不打你、也不骂你，我就让你在这个屋子里待着；我不给你水喝，也不给你吃的，我看着你活活饿死在我面前，以消我心头之恨。这下李尽忠傻眼了。

眼看他就要饿死的时候，突然来了一个和尚，这个和尚进门就问李尽忠的朋友：你们这家里，是不是最近有个朋友来，你把他关起来了？朋友说是，这个事你怎么知道？和尚说我跟你讲，这个人你不能关，他关乎帝国的运数，你可以听我的，把这个人放了，不仅要放了他，你和我每人给他写一个推荐信，把他推荐给皇宫里的高层管理人员，给他个前程，这个人关乎帝国的运数，这事你不能不做。

和尚说服了李尽忠的这个朋友，把李尽忠放出来，好吃好喝地招待，然后给他写了一封推荐信，推荐给当朝的大太监魏朝。就这样，李尽忠命运又翻回来了，拜了魏朝为干爹，之后他就改了姓名，叫魏忠贤。

当魏忠贤出仕的时候，他在皇宫里左右一咂摸：这个皇宫里如今说了算的是李选侍，不是皇帝。他就立即投靠了李选侍，成为了李选侍手下的第一号大马仔。

魏忠贤在历史上的首次出场，是以一名造反派的身份起家的。事情起因是在光宗皇帝死后，大臣们就开会，说光宗死了，那当然是他的大儿子熹宗皇帝继位。然后大臣就把消息送到宫里等着，不见熹宗皇帝出来，反倒宫里还提出一个要求，必须先立李选侍为皇后。大臣们没听说过谁叫李选侍，因为他们不知道光宗皇帝这些私生活，说哪儿冒出这么个怪女人来，这个女人她既非熹宗的生母，也不是光宗的正妻，她谁啊！她冒出来要当皇后，不理她！

可不理她，皇位就空着，不见这个熹宗皇帝出来继位。大臣们找太监一打听，这才知道，天启皇帝熹宗被李选侍扣押了。所谓的扣押也就是一句话：你给我在屋里待着。为什么这一句话这么有效？因为熹宗皇帝自从他母亲死后就由李选侍带大，换句话说，由李选侍打大，在他的人格中已经形成了对李选侍、对魏忠贤这伙人的深入骨子里的恐惧。他只要听到这些人的脚步都怕，他的一生都在这些人的阴影中生活。

所以当李选侍命令他躲在屋里不许出去的时候，他就不敢出来，不敢出来继位。这下大臣们就毛了：这宫里怎么就突然冒出个怪女人，把我们皇帝扣住了，这不行，我们要杀入宫中把皇帝抢出来。

就这样，当朝的大臣300多人，都是白胡子老头，手提木棍气势汹汹杀入皇宫，这一进宫就听见杀声震天，一群太监迎着上来，领头的是谁？就是李选侍手下的第一号大马仔魏忠贤。这魏忠贤出来大战群臣，一场好杀。

但终归是大臣们人多——按理来说宫里人也多，但是宫里人能接近权力核心的终究是少数，能追随魏忠贤干这莫名其妙的事的人也不多，最终熹宗皇帝被大臣们成功地抢了出去，然后又赶紧被按在龙椅上，大伙回头商量着准备磕头，等出来磕头时熹宗皇帝却没了！哪儿去了？跑回去了。因为熹宗皇帝很怕李选侍，李选侍没让他出来，他被人抢出来了，现在害怕李选侍惩罚他，所以他要跑回去。

这下大臣们全都坐地下了。再一次杀入皇宫？刚才说了都是白胡子老头，第一场战斗就已经耗尽了功力，搞不起第二场了。没办法，最后是几个老头潜入宫中，说服了几个太监，把熹宗皇帝偷出来了。偷出来之后，李选侍、魏忠贤在后面追，大臣们抱着熹宗皇帝拼命地跑。从此之后就看

着熹宗皇帝，不许跟李选侍他们见面。这时候李选侍一看没办法了，就提出要求：行，你们不让我当皇后也行，那我就在这个皇宫里住着，我不走。大臣们说：行行行，只要把熹宗皇帝还给我们就行。

过了一阵大臣们反应过来了：这个女人到底是谁？她凭什么住在这宫里？发现了这个困惑的问题之后，大臣们就说不行，这个李选侍必须从宫里搬出去。李选侍愤怒啊，临走之前把皇宫砸得一片稀烂，值钱的东西能带走的大包小包全带走了。她走了就走了，但是大臣们总算是松了一口气，总算赶走了一个莫名其妙的女人。

到了这时候，魏忠贤才正式地走入了历史，成为控制帝国命运的人，为什么？前面说了，天启皇帝明熹宗可以说是被魏忠贤打大的。他视魏忠贤为父亲，为什么？因为魏忠贤就这么教导他的。在他的骨子里已经对这个魏忠贤敬畏到极点，从来不敢有一点反抗。

史书上有个故事，说是魏忠贤欺君罔上，他每次奏报的时候，都趁着熹宗皇帝干木匠活（熹宗皇帝是中国历史上非常有趣的一个木匠皇帝，他为什么对木匠技术这么痴迷？很可能是在逃避现实，他恐惧这个现实，却无法对抗），干得兴致勃勃的时候，这时候熹宗皇帝一挥手说你看着办吧。实际上的历史是，魏忠贤根本不需要这样，他只需要把事情做了，然后告诉熹宗一声，熹宗就只能点头。前面说过了，熹宗皇帝还有崇祯皇帝，都是在李选侍、魏忠贤这帮人的虐待下长大的，骨子里已经对他们形成了敬畏，不敢有丝毫的反抗之心。

再紧接着，魏忠贤为了进一步控制熹宗皇帝，搞来了大量的春药，给熹宗皇帝吃，熹宗皇帝吃了之后身体硬了，死了。他一死，帝国就落到了谁的手里？最后一任皇帝崇祯皇帝的手中。

像老鼠一样的皇帝

崇祯皇帝是一个什么样的人？他能否挽救帝国？通过我们刚才的这个叙述，我们就应该知道：他挽救不了帝国，他还期待着帝国来挽救他！

当崇祯皇帝被宣入宫做皇帝那一天，一个太监来叫他进宫，崇祯皇帝吓得提心吊胆地跟在后面，进了皇宫之后，这个太监告诉他在这屋里待着，崇祯皇帝就进去在屋里待着不敢动。

这崇祯皇帝在那屋里一待两天都不敢出来，饿了怎么办？饿了好办。他从小就受虐待，由此养成了一个"良好"的生活习惯，什么习惯？偷。他到哪儿都能偷一堆吃的藏着。为什么呢？因为李选侍或者魏忠贤在带大他的时候，是不会考虑他的吃饭问题的，他必须自己来解决这个问题，所以他就经常偷点东西藏在身上。

这两天里崇祯皇帝就吃自己偷来的东西，可是两天过去他吃完了。吃完了之后，他开始困惑了，说我为什么坐在这里？让我来当皇帝的，怎么没人理我呀？于是他壮着胆子到门口看，正好看见几个小太监过来了。他一招手，那小太监一见是他，立马"扑通"地跪下了。这时崇祯皇帝感到：我是有权威的，我是一个皇帝，宫里的太监在我面前都跪着的，我还怕什么怕。说不害怕是假的，心里还是怕。崇祯皇帝让这小太监给他拿了一口剑来，握着这剑以保护自己，这个时候他心里才有点不怕。有剑在身，他就不怕魏忠贤来杀他了。

接着他就问太监：我当了皇帝之后该怎么办呢？那小太监说，你当皇帝了肯定是大赦天下，给大伙提一级工资、赏点酒肉吃。崇祯皇帝说，我说话管用吗？小太监说，你是皇帝你不管用谁管用。崇祯于是下令，赐给宫里太监宫女每人一份酒食。这道命令一出，宫女们、太监们都是欢呼雀跃。

这时候崇祯皇帝落泪了：我才是真正的帝国皇帝，我为什么要怕魏忠贤呢？我不该怕他，这时候的他终于走到了历史的前台。然后他做了一件事——杀魏忠贤！

杀魏忠贤是崇祯皇帝人生成长中至关重要的一步，假以时日如果给他足够的时间，他的人格通过慢慢地自我修复，不是没有可能修好的。但是，没有时间了，尤其在李选侍、魏忠贤这么多年的栽培教育下，已经塑造了他的一个老鼠型人格。什么叫老鼠型人格？胆小、怕事、惊恐，遇事就忙不迭地推卸责任。这种性格导致了他的一个最大的人际障碍：他无法与人相处，处理不好人际关系。

一个皇帝也需要处理人际关系吗？需要。他需要跟他的臣子们处理好关系，他必须向每一个臣子展示他的智慧和威严。可是崇祯皇帝，想想他生长的环境吧。他是在一种仇视、敌对、虐待和玩弄的环境中长大的，他会相信别人吗？在他的人生成长中就没有信任这两个字。所以历史上有一个典故叫崇祯五十相，即崇祯在位十七年，他曾经任命过将近五十位大学士来替他治理国家，但这五十位大学士基本上要不就被杀头，要不就入狱。想想看，一个足球队，如果一个队员不好，那我们要换这个队员，如果整个队都表现不好，那就是裁判的问题了。崇祯皇帝和一个大臣处理不好关系，可能是这个大臣的问题，他和五十个大臣都处理不好关系，那么问题在谁的身上就不言而喻了。

崇祯皇帝人格中对他人信任的缺失导致了一个致命的障碍，什么障碍呢？他已经无法娴熟地掌控帝国的资源。换句话说，他对帝国的掌控是通过人来控制的，他可以任命一个大臣来做一件事，一层一层调度下去，但要是他一开始就不信任第一个人，那么这种控制就已经不复存在了。

历史成了崇祯皇帝的悲哀的独角戏，他独立对抗他的克星，也就是本回开篇提到的第二个孩子——"富二代"李自成。

"富二代"李自成

说到李自成这个人呢，那可真是颇有传奇色彩的。为什么李自成在中国历史上这么赫赫有名？一个是他也曾经做过皇帝——大顺帝，但最主要的是他的身世和成长过程中充满了传奇。比如说在他出生的前三个月，陕西的星天上突然出现了一片弧光，状如关刀，悬在天上，这种迹象预示着天下刀兵将起。这个关刀悬了三个月之后，李自成出世了。现在历史教科书上的李自成画像，将李自成画得相貌堂堂，一表人才。但实际上李自成的长相不是这个样子的，他长得什么模样？我可以这么说，任何一个人如果看到李自成，都会吓得"哇"的一声惨叫。他的形貌特殊，比如正常人的额头都是鼓出来的，而李自成的额头是塌下去的。他一旦愤怒，额头就鼓起个大气包，形态很是古怪。

李自成生在一个小富之家，就是我们说的"富二代"，生来有吃有喝有美貌丫鬟伺候，按说这种生活应该蛮好的，作为一个幸福的"富二代"这

么一直过下去也是很多人的一生追求。可是，就在他七八岁的时候，陕西蝗灾导致他家破产，这次破产对李自成来讲是一个极大的困惑：昨天还有吃有喝，今天突然没了，谁动了我的奶酪？谁把我们的食物弄没了？他仰天发问，可没人回答他这个问题。他必须出去独立生存，自谋职业。

可他能谋什么职业？他幼时已经养成了一种好吃懒做的习惯，换句话说他是吃啥啥不剩，干啥啥不行，几次出去打工，都被人赶出门外。尽管如此，他仍然长成了一个魁梧的男子汉。长大之后，他娶了一个妻子叫韩氏，看当地的县史可以发现这个韩氏是一个很美貌的女人。

按说一个男人成家了，他应该有家庭责任心了，应该定下心来了，可是当时社会太开放了，于是韩氏出轨有了婚外情。可见这个帝国的晚期，道德也在崩摧。

不过当时还是封建社会，这个韩氏虽然美貌，她还是不能太过分，主动出门寻"刺激"。但是别的男人可以走进她家呀。什么样的男人呢？有权力的男人。和韩氏发生这种婚外情的是当地的一个衙役，而李自成当时是个什么工作呢？类似于邮递员这个职位。

当有人把这个消息告诉李自成的时候，李自成那个悲惨啊，说我的一生为什么这么悲痛？我本来生的有吃有喝可是被人端走了，谁端走的我都找不着；我娶个美貌老婆又被人抱走了。为什么要这样对待我？为什么？

一怒之下李自成回家去捉奸，史书上说他回家后便把他的妻子和妻子的情人堵在屋子里，但是，他妻子的情人是一名衙役，身手敏捷、功夫不凡，当李自成来的时候，打翻了李自成，夺路而走。李自成气得捶胸顿足。大明律明令：捉奸捉双，捉贼见赃。也就是说李自成如果把这个奸夫跟他妻子一块杀死在床上的话，他是无罪的。可是现在他妻子的情人跑了，李自成悲愤之下一刀把老婆杀了，结果成了刑事犯。

无奈之下，李自成只好离家出走，从此踏上了革命之路，成为了农民起义军领袖。他的人生成长经历形成了他独特的人生哲学。什么人生哲学呢？就是这世界上的一切都是不牢靠的，今天吃掉就吃掉了，今天不吃明天就没了。这是他早年经历所造成的。

所以当李自成进入北京城的时候，就爆发了历史上有名的京城大劫掠。怎么劫掠？他进入了北京城，逼死了崇祯皇帝，已经可以当天下之主，成为大顺皇帝了。可是他干了一件事：他把北京城所有有头有脸的人全部抓起来，敲诈他们的金银，然后把所有的金子重新铸成一块块的金饼运往陕西，他像只老鼠一样，把所有的东西往老家搬。他压根儿就没想到他还要治理这个国家，他没有这个概念，正因为他没有这个概念，他才摧毁了这个帝国。

在历史上，李自成是被称为流寇的。什么叫流寇？当时有个蒙古人，叫蒙如虎，他对流寇这两个字最有感慨。有一年，大明皇帝命令蒙如虎征剿流寇，蒙如虎带了两万多骑兵，开始狂追流寇，花了六个月追了七千里，所有的战马统统累死，所有的士兵都得了使人上吐下泻的腹泻，最后只能拉了老百姓家的驴充当战马。在这六个月几千里的追击中，却未逢一战，始终没追上流寇。这流寇简直比老鼠逃得还快，追不上。为什么逃得这么快？因为在李自成看来一切都是靠不住的，所以他不需要根据地。正是因为李自成的这种人生哲学，他即使到了北京城，也以摧毁北京为第一要务，而没有丝毫的建设思想。

李自成 VS 崇祯

当李自成和崇祯皇帝两个人的人生性格形成之后，就以辽阔的大明帝国为舞台，展开了剧烈的冲突。这种冲突，表现在李自成尽其可能地履行一个破坏者的使命，他的人生哲学是一切都是镜花水月，都是靠不住的，能吃的赶紧吃掉，能喝的赶紧喝掉，能用的赶紧用掉，因为今天你不吃不喝不用，明天就没了。他早年的成长经历切切实实地这么告诉他。当他的性格弥扩到整个帝国的时候，他行使的是对帝国经济的彻底摧毁。

而崇祯皇帝呢？他在履行一个修复者、一个建设者的责任，可是他的性格注定了他无法与人合作，他无法信任他的任何一个臣子，他已经习惯于推诿责任，习惯于逃避现实。

史书上曾记载，就在李自成祸乱中原的时候，辽东后金的努尔哈赤崛起了，此时的大明帝国面临着一个艰难的选择：因为无法同时在两个战场上展开战争，必须舍弃一个。从帝国的角度来讲，能放弃的必然是境外战争，它必须要集中全部的军事资源，保持国内的稳定，消灭李自成。于是兵部尚书就受命和努尔哈赤进行会谈，双方商议和平。这样做是符合崇祯皇帝利益的。

但是这个消息却不慎走漏了，朝中大臣趁机闹事——这些闹事的臣子我们称之为"爱国贼"，反对议和，抨击说主张议和就是汉奸，就是卖国贼。群臣气势汹汹地来质问崇祯皇帝：你身为皇帝怎么可以卖国呢？此时的崇祯皇帝是可以行使皇帝的威严的，只需一拍桌子，声明：我是帝国的所有人，我掌握帝国的权力，我必须在两个战场之间选择一个，选择国内战场,放弃国外战场,是对我有利的,我必须这样选择,你们谁敢给我出来闹事?可是崇祯皇帝的表现不是这样,他的表现是:跟后金努尔哈赤议和?这个事我不知道,这是兵部尚书的自作主张。

将兵部尚书推出去承担责任,崇祯皇帝算是以一个爱国皇帝的身份,体面地坐在龙椅上了。然而他这种逃避现实、推诿责任的性格,却导致他输掉了一个帝国。反观他的对手李自成,在破坏方面不遗余力、尽心尽力,彻底摧毁了帝国。

这预示着什么?这预示着大明王朝的皇权遭受到空前的摧毁,造成了巨大的权力真空,而摧毁者又没有丝毫的建设意识,只管毁灭。当这种权力真空出现的时候,需要的是什么?需要的是其他权力来填补,什么地方有权力?只有在北方,在女真人的部落里,在后金,在努尔哈赤的手里,他们有一个满人的军事武装集团。就这样,明帝国的灭亡导致了一个权力位置的空缺,而清帝国名正言顺地移步到这个权力的位置上,从而开启大清帝国两百多年的历史!

第二回

天才原始人
努尔哈赤 VS 李夫人

　　大明帝国自建国以来就对关外少数民族的武装力量形成绝对的打压之势。但自1619年的萨尔浒战役后，大明帝国从此转为颓势，不复振作。由努尔哈赤统领的女真部落从此大踏步地迈进了历史的洪流。为何被屠杀到只剩几个人的女真部落会发展得如此迅猛，努尔哈赤这位清太祖有着怎样过人的天赋？

大 清 擂 台 上 的 权 力 游 戏

龙人传说

　　大清帝国历史上的第二对对手，在正史中是语焉不详的。但是他在女真人或者我们现在所称的满族人之间，已经形成了一种特殊的文化，什么文化呢？这要从满族人的一个传奇故事说起。

　　在满族人之间，流传着这么一个故事，说是大明天下的时候，有一天，明天子正在睡觉，突然之间就听见乾清门方向"轰隆"一声响，门被人从外面推开，走进来一个非常奇怪的东西，说它是人吧，它长着一个龙头，说它是一条龙吧，它穿着人的衣服。这个奇怪的动物进来的时候，脚底下还踏着北斗七星。

　　当时这个明天子非常困惑，从床上坐起来问：你是谁，胆敢闯入朕的寝宫，不要命了吗？那个龙头人听了就哈哈大笑，说老兄你不知道，你已经过时了，过季了，该下台了，新的天子是我，你看清楚，我身上这袭龙袍，我脚下是北斗七星，你赶快让位吧。说话间龙头人衣袖一拂，把这个大明天子从龙床上掀下去了。明天子从床上摔下来之后，醒了，发现是做了一个奇怪的梦。然后明天子立即召集最有智慧的大臣，询问说我怎么会做这么一个奇怪的梦。这个大臣听了之后，半晌不语，最后说道：糟糕了，

陛下天下有变，新的真龙天子出世了，从你的梦相来看，龙头人从乾清门而入，乾主东北，新的天子他应该在东北出生，从你描述的脚踏北斗七星这一情况来看，这个人有一个明显的生理特征——脚心里肯定长着七颗红痣。明天子一听，这可了不得，于是马上传令，命镇守东北的李成梁，找到这个脚心上长着七颗红痣的人，立即杀掉。

话说李成梁接到这个命令之后当时就蒙了，这叫什么命令？如果是脸上长颗红痣，咱也好办，一看就行了，可是脚心长七颗红痣，这叫我上哪儿去找？难道我堂堂的总兵，还要跑到大街上让人把鞋脱了给我看看，这成什么样子？

正在发愁的时候，他的侍从小皮子进来了，给他上茶，看到李成梁发愁就问：总兵大人，你为何事愁成这个样子？

李成梁说：你不知道，圣上有旨，要我找一个脚心上生有七颗红痣的人，你说这生理特征也太隐秘了，让我怎么找？

小皮子就问：天子为什么要找这么一个人呢？

李成梁很有心计，他没有说实话：据皇帝圣旨上说，这个脚心上生有七颗红痣的人，是皇帝的亲戚，皇帝要找他，把他接到宫里好好地养起来。

这个小皮子一听就哈哈大笑，说：总兵大人你别开玩笑了，哪有这种事？我从小生在辽东、长在辽东，跟皇帝一点关系没有，怎么可能是皇帝的亲戚呢？

李成梁说：我说的是脚心生有七颗红痣的人，跟你有什么关系？

小皮子就说：我脚心就生有七颗红痣啊。

李成梁说：我不信，你脱下来看看。

小皮子一脱鞋，果然在脚心上长着一个北斗七星形状的七颗红痣。

李成梁哈哈大笑：真是踏破铁鞋无觅处，得来全不费工夫，来人，给我把小皮子拖下去，把他的头和他的脚一块儿砍了。

小皮子说：这哪儿跟哪儿，凭什么要砍我？

甭管凭什么？拖下去吧！

眼看小皮子就要被杀的时候，来了一个人，谁呢？她是李成梁的爱妾喜兰姑娘。喜兰跟小皮子年龄差不多，平常两人经常在一块。她就问为什么要杀小皮子？李成梁说不是我要杀他，是皇帝要找这么一个人，说是脚心上长有七颗红痣，说这个人将来要夺他的皇位，我食君之禄、忠君之事，只能这么做。

喜兰姑娘一听，就知道没人救得了小皮子了，于是说：虽然小皮子必死无疑，但是总兵大人你看他无罪，他就是脚心不该长这么七颗红痣，惹来了杀身之祸，我们大明即使是十恶不赦之徒，要上刑场的时候，都要让他吃一顿饱饭，咱们现在要杀小皮子，你怎么也得让人吃一顿猪肉炖粉条吧？

李成梁心想这个好办，于是先把小皮子放一边，给他煮一锅好茶好饭，吃完送他上路。

喜兰姑娘就趁着厨师做饭的机会，悄悄地到牢房打开牢门，把小皮子放出来。

放走了小皮子，李成梁就没法交差了，他一怒之下，就把喜兰姑娘抓起来剥了衣服，活活地用皮鞭抽死了。

这段故事在正史上是没有记载的，但是每一个满族人都深信不疑，深信到什么程度？到现在为止，在满洲人聚集地，每年他们都要祭祀喜兰姑娘。

这个喜兰姑娘的原型就是历史上的李夫人，李成梁夫人，而这个所谓的小皮子是谁呢？他就是大清帝国隆兴之主努尔哈赤。

大清龙兴之战

追溯努尔哈赤，所有的清史专家都要描述一场战役——萨尔浒之役。这场战役有什么特殊性呢？在这场战役之前，大明帝国在辽东已形成服从之势，什么叫服从之势？由李成梁镇守辽东，而他镇守辽东的方法规则非常简单，不管哪个部落，一旦强大了，就立即去把这个部落的男人全部杀光，女人全部掳走做奴隶，为什么这样？这样就避免了在辽东这形成新的权力中心、新的暴力中心，避免出现一股强大的势力影响到他，威胁到大明王朝。理论上来说，努尔哈赤的势力是形不成的，但是它最终形成了，而且在萨尔浒战役这个转折点上，导致了局势的逆转。在此之前，明帝国在东北有决定性影响，以攻为主，在此战役之后，大明帝国彻底由攻势转为守势。

这场战役在逻辑上几乎是说不通的，为什么呢？因为努尔哈赤在建州起事的时候，女真部落的战士不过万人而已，建国的国号也奇怪，叫后金，他以"七大恨"为由，向大明帝国宣战。大明帝国当即就派出了一支强大的部队，这支部队由四路大军组成，兵力达74000人。此外还有朝鲜的联军，在史书上称之为鸟军。为什么称之为鸟军呢？因为朝鲜的军队拿的全是鸟枪。鸟枪这种武器杀伤力是很大的，在远距离作战时具有强大的威慑力。

明朝的这四支部队，由四员赫赫有名的战将统领。第一员，杜松，史称杜疯子，这个人是位老将军了，曾在戚继光手下作战，脾气非常暴躁，有家将养子无数，统军一万多人。第二员战将是刘挺刘大刀，这个人的养子是最多的，有几百个，其部队的作战力也是非常强。第三个人是马林。第四个人是谁呢？他是努尔哈赤的结义兄弟，叫李如柏，是李成梁的亲儿子。

这四支部队每支部队的兵力都将近两万人，换句话说，每一支部队都有摧毁努尔哈赤的实力，可是历史在这里开了一个大玩笑，这四支部队非但没有摧毁努尔哈赤，反而是努尔哈赤万人的部队把这四支部队全部消灭了！

追溯整个过程，是非常奇特的，因为明军的主帅是一个昏庸之辈，当时他下的命令就是某支部队攻敌的左方，某支部队攻敌的右方，在这个命令下达的时候，完全没有任何部署，四支部队在荒野中各走各的路，没有通信兵没有前后联系，谁也不知道友军在什么地方。

而努尔哈赤的部队，则采取各个击破的战术。首先进攻的是杜松的部队。在追溯这个战史的时候，黄仁宇先生曾经画过一幅图，他非常悲哀地发现，杜松这支军队在渡河的时候，干起了蠢不可及的事——把火炮留在了后方。为什么呢？嫌累赘、麻烦。他仍然信奉手中的大刀和盾牌，而不相信火炮。当他和努尔哈赤的部队直面相撞的时候，只能是完全的冷兵器作战。女真族战士非常凶悍，历史上有句话：女真人不可过万，一旦过万天下无人可治。就这样，杜松的部队轻而易举地被努尔哈赤消灭了，而在这个过程，另外三支部队完全不知道。消灭了杜松的部队之后，努尔哈赤立即移师去迎战刘挺，此时刘大刀完全不知情，闭着眼睛往前走，一直走进了努尔哈赤的包围圈，也被悉数歼灭。

直到这时候，消息才传出，马林吓坏了，率领自己的部队往驻地逃，

努尔哈赤一路追击，攻破城池将马林擒杀。四支部队中唯一逃生的是李成梁的儿子李如柏。

当李如柏逃走之后，大明王朝这边开会讨论了，说李如柏有问题。有什么问题呢？他跟努尔哈赤是结义兄弟，四支部队一起进攻，另外三支都全军覆没，怎么就他李如柏没事呢，明摆着他俩一伙的，这是一个圈套。李如柏就跟大伙儿解释说：我没有啊，我虽然跟他是兄弟，但我们是战场上的敌人，你怎么能这么说我呢。

可是说什么也没用。在这种流言蜚语的攻击之下，李如柏悲愤交加，说：好，大明帝国你不是不信我吗？我自杀你现在信不信？——就这样自己抹脖子了。

这场战役过后大明帝国就彻底失去了对辽东的控制，后金努尔哈赤形成了对大明帝国的不断蚕食之势。

为什么努尔哈赤能做成这么一件事？前面说到，大明帝国在辽东有占据绝对优势的军事实力，可以随时歼灭任何一支崛起的力量，怎么会任由努尔哈赤坐大呢？回答这个问题之前，先要问问：努尔哈赤他究竟是一个什么样的人？为什么他能形成一股强大势力？在理论上不应该的呀，他势力稍微强大就会被彻底消灭的，可是他的的确确不断强大了。这跟他的个人成长和他的性格特质有很大的关系。

努尔哈赤的传奇人生

先来追溯一下努尔哈赤的生平。他的父亲是建州一个小小的官员，也就是说是大明的臣子，生下了三个儿子：努尔哈赤、舒尔哈齐、雅尔哈齐。在努尔哈赤十几岁的时候，他们的生母死了。父亲给他们娶了一个后妈，这个后妈对这三个孩子是那个烦呀，左看不顺眼，右看不顺眼。

后来这个后妈就向努尔哈赤的父亲提了个要求，说你还想让我们做夫妻、把我当老婆，就给我把这三个孩子杀了，我不想跟这三个孩子生活在一个家里。努尔哈赤的父亲一听，这有什么难的，看我的！他把刀一拿出来，指着三个儿子：你们三个给我滚，老子晚年的一点幸福生活全被你们三个破坏了，从此别让我看到你们，再让当爹的看到你们，看见你们就杀。这三个孩子只能抹着眼泪离开了家。

这段历史呢，在满族人中有一个丰富多彩的文本，这个文本丰富到了什么程度？就是努尔哈赤在流浪期间，他有一连串的传奇故事，而这段传奇故事并没有记入正史。为什么呢？因为缺乏旁证，不具权威性。我们所知道的是，努尔哈赤在离开家前往抚顺关的途中，曾经遇到过一个猎人，这个猎人教授了他一招狩猎的技巧，努尔哈赤三兄弟就靠着这个，沿途打兔子、打野猪，赖以存活。到了抚顺关，他找到了李成梁的家。

这个时候历史上出现了一个女人，就是李成梁的妻子李夫人。正史上记载说，这个李夫人一见到努尔哈赤，就觉得这个人不平凡，还曾经亲自把努尔哈赤叫到身边，同他聊天，询问他的成长经历，然后告诉他，说你努尔哈赤生来就是做一番大事业的人，所以一定要发奋努力，不要辜负自己一生所学。

但是在正史和民间传说中，都忽略了这么一个问题。什么问题呢？就是努尔哈赤有何不凡之处，为何李夫人会对他高看一眼。前面已经说了，这个

李夫人实际上就是满族传说中的那个所谓的喜兰姑娘，她从一个女人的独特视角观察，认为努尔哈赤这个人非常有出息，但是她到底依据什么？

我们考察努尔哈赤的幼年成长经历，发现他有一个奇怪的特征，他的情商超级高，高到了吓人的程度。在满族人的历史中，有这么一个传说：努尔哈赤在被逼离家出走的时候，摸黑在路上行走，忽然就下起了暴风雪。他在暴风雪中踉跄前行，忽然看到前面有一个洞口，于是就一头钻进去了。钻进去之后，他伸手一摸，摸到软软的体毛，心想这个地方好，就躺在那儿睡了一觉。第二天天亮睡醒了，他睁眼一看，竟然看到一只斑斓猛虎，正蜷缩在他的身边用身体温暖着他。

这个传说是这么解释的，说这个母老虎刚生完虎仔，结果虎仔死了。母老虎正需要表达母爱，这时候努尔哈赤摸了进来，它就把努尔哈赤当成了自己的儿子，此后，努尔哈赤就骑着这只母老虎，穿越了茫茫的原野，到达了抚顺。

在逻辑上，这三人如果从建州经过茫茫原野流浪到抚顺，他们只会成为路上的冻死鬼，不会顺顺利利、平平安安的，可是在历史上，努尔哈赤三兄弟确实一路顺风地抵达了。

当努尔哈赤抵达了抚顺之后，他先混迹于李成梁的府上，每天他都到演校场上，观看军事演习和训练。他还经常跟人谈论演兵之术。此时的他只是个半成年的孩子，没有受过严格正规的军事训练，可是他对于操练士兵的技巧，心中自有一套。正因如此，他引起了李成梁帐下很多将官的注意，觉得这个孩子与众不同，是一个天生的军事家。李成梁的儿子李如柏，甚至跟他结拜为结义兄弟。

作为一个来历不明的流浪汉，能在当地混迹得如鱼得水，他靠的是什么？靠的就是对人际关系的这种微妙把握。这种把握，还体现在他的一个发明创造上。

东北有一道名菜叫锅包肉，传说这道菜就是努尔哈赤所创，史书上是这样记载的：当地一个富户人家办宴，努尔哈赤去帮忙，现场做了这么一道锅包肉之后，四座客人都很吃惊，而这户主人当即把努尔哈赤叫过来，询问姓名之后，就把自己的女儿许配给了努尔哈赤。这样的话努尔哈赤成家了，有了妻室。

听起来只是一道菜就把女儿嫁过去，好像是有点不太慎重，但实际上你要知道那是一个什么样的时代，作为一个男人他每天所从事的是打猎，观看士兵的演习操练，在这个过程中，当他走进厨房的时候，他能突发奇想，凭空烧出一道从来没有过的菜来，这表明了什么？表明了他的一种很强的思维整合能力及对细节的把握和掌握能力，你想吧，做这么一道菜可能对厨师来讲没什么大不了的，因为他每天研究这个，可是努尔哈赤他不是每天研究这个，那么他为什么能做出这道菜，因为他的性格精细善于观察细节，也善于在细节上做出文章来，正是这个特点，构成了努尔哈赤与其他人的本质不同。

努尔哈赤在处理事情的精细方面，有着过人的能力和技巧，正是因为有这个能力，作为普通平民的他才能够受到李成梁的赏识，能够跟李成梁的儿子结拜为兄弟，所有这一些都证明了他情商必然很高，善于和人打交道。如果他不是善于和人打交道，我们无法想象一个总兵的儿子会跟他结交。正是因为有这么一种特点，所以注定了努尔哈赤会崛起。历史上向来

把努尔哈赤的成功说成是因为他的智商高，什么英明神武之类的，但实际上不是，都是他过人的情商在起作用。

十三副铠甲的由来

就在努尔哈赤在李成梁的府上逍遥度日的时候，发生了一件事情。什么事情呢？努尔哈赤的家族，也就是爱新觉罗氏正在搞一次聚会——家族大聚会，这个消息被李成梁知道了，李成梁立即调集兵马，要杀尽爱新觉罗氏。为什么呢？原因我们已经说了，因为爱新觉罗氏在关外已经越来越强大了，而李成梁的使命便是立即消灭任何一股强大的势力苗头。

爱新觉罗氏的壮大对李成梁来讲就是一个威胁，是明帝国的一个隐患，必须消灭。当李成梁调集兵马的时候，努尔哈赤在旁边看得明明白白，立即跑去给家人报信。结果报信无效，为什么无效？他家人不信这个：我们也是大明天子的守臣，李成梁怎么可能来打我们。就在努尔哈赤滞留在他们家族的时候，李成梁率大兵赶到了，杀尽城中的男人，把所有女人全部掳走。所有的男人都杀光了，就剩下一个努尔哈赤。为什么不杀呢？很简单，大家都认识他，他一直在李成梁身边混。就这样，努尔哈赤被捉过来关进了牢里。

万历母亲的故事就发生在这个时候。当努尔哈赤被关在牢中的时候，李夫人来了，她知道努尔哈赤很可能因此被杀，所以特意来救他，她故意问努尔哈赤：我不是让你去给我采两根老山参吗，你怎么被人抓起来了？努尔哈赤聪明，情商也高，他马上就顺着说：是啊是啊，夫人，我就奉你的命进山去采山参，可是越走越远，正走着就有人杀人放火，突然把我围起来抓了，我也不明白为什么。

这么一说，就把努尔哈赤给区隔开了，接着李夫人就去游说首将李成梁释放努尔哈赤，前面说了这个努尔哈赤一直在李成梁的府中混来混去，李成梁也没有什么理由要杀他，也就把他放出来了。放出来之后，努尔哈赤干了一件事情，这件事凸显了努尔哈赤的智慧。什么事情呢？他开始向大明政府诉冤，他说你们杀我父亲是不对的，我父亲是大明守将，对大明帝国忠心耿耿，你们为什么杀他？他的申冤报上来之后，大明帝国方面感觉到不对头：这是个冤案，我们杀错人了，可是人已经杀了，怎么办呢？赔偿吧，赔偿努尔哈赤一笔钱，允许他垄断关外的几道生意。

史书上这段细节描述得不详细，但是我们知道一个人上访申冤，并且能取得空前的利益，在这个过程中，他没有被严打，能够达到他的目的，正体现了他的极高智商。从此努尔哈赤就以十三副铠甲起家——因为大明帝国就赔了十三副铠甲。

得来这十三副铠甲，他就找自己两个兄弟商量，说现在形势这样，我们绝不能与大明帝国为敌，我们实力远远不够；如果我们与大明帝国为敌，我们就会很容易被消灭。但是我们必须要散布战争理由强大我们自己，什么理由呢？当年我们的父亲被杀是谁给明军通风报信了，我们去追杀我们的仇人。

此后努尔哈赤就以这个理由在辽东兴兵，不断地追杀他的仇人，在追杀的过程中，他的势力不断膨胀，越来越强。

前面提到，任何一股势力一旦强大，就会立即在第一时间遭到打压，

但恰好，努尔哈赤处在这么一个节点上。什么节点呢？老将李成梁死了。李成梁镇守了辽东三十年，每当他取得一次空前的胜利的时候，帝国都会给他一种特殊的奖赏，什么奖赏？撤销一切职务。为什么呢？因为此时明帝国的管理已经涣散了，已经没有任何能力奖赏，而李成梁不断立功，拿什么奖赏你？只能把你撤了，然后回头再恢复你的职位，这就算奖赏了。这一次李成梁没有扛过去，他老了，已经九十多岁了。当他死后，辽东一时之间群龙无首，就出现了权力的真空。

八旗帝国的缔造

努尔哈赤利用李成梁老死这个机会，迅速地成长了起来。当他捉到他的仇人，将其杀了之后，他就需要新的战争借口，以便继续整合女真人的武装集团势力。这个理由是什么？努尔哈赤的理由非常搞笑，也特别的原始：他向每一个部落，包括强大的部落要女人，哪个部落酋长的女儿漂亮，他就要求酋长把女儿给他。如果给了就好办了，说明你服从我，我可以统治你了，你要跟我一伙儿我们继续打别人，如果不答应，那就只有抢了。努尔哈赤就宛如受了奇耻大辱一般，调精兵作战。

细数努尔哈赤的一生征战，他只有两个口号，第一个口号是为父报仇，第二个口号是给我女人，不给女人他就跟你没完。当战事持续到一定阶段的时候，努尔哈赤的势力已经相当强大了，他拥有一万多名战士了。这时努尔哈赤另一个天才的军事思想出现了——这个军事思想被史学家阎崇年先生推崇为努尔哈赤对人类文明的贡献，这就是胡扯了——努尔哈赤缔造了八旗帝国。

为什么会有八旗？八旗的意义象征着什么？要知道努尔哈赤的爱新觉罗部落，包括关外的各个小部落，都是游牧民族，他们本身有很强的战斗力，但是他们不是军事单元，而努尔哈赤用一种军事思想重新对这些部落进行整编，所谓八旗也就是各个不同的部落。他把这些部落按照牛录制进行整合。什么叫牛录？用现在的称呼就是连。原先各个部落都是由一个酋长带上大伙哪有吃的就去哪，现在努尔哈赤把他们全部改造成战士，部落中所有的精壮男子都要成为士兵，所有的女人都是部落的资源。女人、土地、财物所有这一切，由努尔哈赤分配给作战最勇敢的战士。当努尔哈赤运用这种军事思想集结八旗的时候，强大的女真人作战单元就逐渐形成了。

这个单元开始无限地扩张，最后扩张到蒙八旗、汉八旗。也就是说，如果我们把这个八旗比喻成为一个八大军区的话，那么刚形成的时候它最多只是一个营的规模，但是随着每个部落攻城略地，征服的部落越来越多，征服的战士也越来越多，形成的战斗力越来越空前，越来越强大的时候，就需要新的八旗制度。

相比之下，大明这边的势力受到了李自成的干扰，战争资源全部投入与李自成的消耗之中去了，根本无暇顾及辽东。因此努尔哈赤得心应手，从容不迫地处理他的部落人员，组建他的作战单元。

原始人的征战

在这个过程中爆发了两起政治事件，第一起是努尔哈赤与他儿子的冲

突。关于努尔哈赤与他儿子的冲突，在历史上说的并不是太多。为什么不多呢？这是因为清人做史，对他们的原始史料基本上是能销毁的就销毁，能掩埋的就掩埋，不让你知道他们由来。正是因为不让我们知道，我们才想知道、必须要知道。知道过往的由来之后我们才可以分析我们今天的由来。

当努尔哈赤在打造他的军事帝国的时候，他的目标无疑是为了子孙后代，但是当他的儿子的势力在成长的时候，最终跟他本人发生了冲突。此时努尔哈赤儿子褚英的势力越来越强大，最终构成了两方势力的严重冲突。这种冲突表现在什么地方呢？就是部将们之间的纷争。理论上来讲，努尔哈赤跟儿子之间，反正都是自家人，应该没有问题。但是追随褚英的人，跟追随努尔哈赤的人不是一条心的。在这种权力对峙下，父亲已经不再是父亲，儿子已经不再是儿子，而是两大军事集团的对峙，谁赢谁就拥有一切，谁输谁就输了一切。努尔哈赤必须对自己的儿子下手。在这个过程中他体现的是一种权力的意志，而权力是六亲不认的。

接着爆发的是努尔哈赤跟他弟弟之间的争夺。作为赢家的努尔哈赤对他弟弟舒尔哈齐之间的处置说起来真是残忍之极。他是怎么惩罚他弟弟的呢？先是杀了他的两个儿子，然后他打造了一个石室将舒尔哈齐关了进去。这个石室很小，高半米、宽半米、厚半米，一个石头笼子，舒尔哈齐是站不起来躺不下去只能蹲着，笼子上面有个孔，可以往里丢食物，下面有个孔是供排泄用的。他为什么要以这种邪恶、残酷的方式惩罚他弟弟？查史书是找不到原因的，因为这段"冤案"给销毁了。

我们知道的是，舒尔哈齐他明确地提出来一个分家的要求，他认为这种部落的征战应该有一个消停的时候，战争不能再这样继续下去了。在不停的征战过程中，努尔哈赤不停地制造借口，比如说当他对叶赫那拉氏部落进行征战的时候，他的理由是几十年前他曾经向叶赫那拉氏提出求婚，但被拒绝了——也没办法不拒绝，他老婆太多了，而且当时人家是个大部落，他是个小部落。这种情况下，当努尔哈赤六十多岁的时候——已经是白胡子老头了，他找来弟弟舒尔哈齐开始商量，他说老弟你还记得咱们年轻时候吧，我向那个部落求婚，他竟然不答应——奇耻大辱啊！咱们应该兴兵去报此一箭之仇。

你们替这个舒尔哈齐想想这理由荒唐不荒唐？离奇不离奇？反正是无法接受的。舒尔哈齐他无法理解努尔哈赤的野心，努尔哈赤的征战只是一个过程，他是通过接连不断的血腥战争来磨砺他的铁血战士。他要形成一个庞大的军事集团。而舒尔哈齐想的是小富即安：我们爱新觉罗家族，从几乎被人消灭，只剩下几个人，发展到如今这么庞大，已经够了，人不能太贪，如果大哥你要是打的话，那么你去打好了，我舒尔哈齐是不会跟着你的。

这件事在努尔哈赤看来意味着什么？这就意味着他精心打造的八旗军制将彻底毁灭。

因为如果舒尔哈齐带领他的人马离开，那么努尔哈赤至少损失一半人马，这些人都会跟着舒尔哈齐走。而且，战争本来就不是绝大多数人所向往的，在努尔哈赤制造一个又一个借口把人们强迫送上战场的时候，人们表面上为了荣誉而厮杀，内心里面其实都在厌倦战争，都在渴望和平，一旦和平的声音响起，八旗的战斗力就会一夜摧毁于无形。

在这种情况下，努尔哈赤就邀请他的弟弟舒尔哈齐过来一起喝酒，在

此期间，努尔哈赤再一次向他弟弟提出了这个要求：我们合力去攻打叶赫那拉氏。但舒尔哈齐再一次拒绝。被拒绝之后，努尔哈赤命令打开窗户，说你往外看。舒尔哈齐一看远处倒吊着的一个人，问：这个人是谁？努尔哈赤告诉他，他就是你的手下，对你最忠诚的大将乌尔昆，因为他的支持，你现在凶了，不再听你大哥的吩咐了，我要用最严厉的刑法来惩罚纵容你跟我对抗的部将。然后命令手下给乌尔昆身上浇上油，一把火烧死了他。

此时舒尔哈齐知道他大哥动手了，可是他想不到亲兄弟怎么能说翻脸就翻脸呢，所以当时舒尔哈齐说了一句：大哥你别忘了我还有两个儿子。他这话什么意思呢？意思是你今天要敢杀掉我，等我两个儿子长大的时候，你小心他们给我报仇。这时候努尔哈赤哈哈大笑说，这个我早替你考虑到了，来人。两个人端着两个托盘走了进来，将上面盖着的红布撩起来，正是努尔哈赤侄子的头。

为了打造一个盲目的、没有目标的军事集团，对自己的亲弟弟、亲儿子、亲侄子这样下手，这就是一条残酷的帝王之路。如果没有这个过程，那么就没有八旗，没有后金，也没有大清。要出现一个像努尔哈赤这样残忍的人，这概率是很低的。但这个人一旦出现，就标志着大明帝国有克星了。

我们无法想象一个人能够对他的儿子下手，对他的弟弟下手，对他的侄子下手，而努尔哈赤能做出这一切。这就是为什么说努尔哈赤是天才原始人。就是说，努尔哈赤的脑子里没有别人，什么兄弟、儿子，什么侄子，一切都是浮云，他心中想的只有一个东西：我。任何人跟我对抗都是我所不能容忍的，任何人对我的挑衅都是我所不能接受的。

前面说努尔哈赤身上这种与众不同的气质，可能正是被李成梁的夫人李夫人观察到了。那么李夫人为什么会观察到这个气质呢？因为李夫人久在军中，她每天看到无数的军人来来往往，但大多数来当兵打仗的，都是为了一个饭碗而已，最崇高的目标，也可能只是为了家人。而为了一个不存在的、不明确的甚至是模糊的政治目的，对自己家人进行残杀，这已经超出了我们的理解范畴。

这里有一个规律，就是政治目标一旦压过了亲情，它必然是邪恶的。这话什么意思呢？就是军事暴力必须以保护自己的亲族家人为目的，为了保护我们的家人，我们拿起武器去抵御强暴；但是如果我们拿起武器，目标却是家人，这就已经是邪恶的了。这个故事告诉我们，权力的规律就是邪恶的。

李夫人洞察了这一切，她推动了这一历史过程，难道她接受这个过程吗？不是的。她知道像努尔哈赤这种人，是很罕见的，他能缔造一个强大的帝国，也能终结一个腐朽的时代。这可以视为是李夫人对未来的预期，尽管我们的判断在历史上并没有记载，但我们确信这一点。

第三回

权力的陷阱

皇太极VS三兄弟

　　历史中一个错误的决定，一次不该有的妥协，都会改变整个王朝的命运。战争，争夺，无不包含着无穷的权力陷阱和人性的沦丧。一个靠原始征战建立的王朝中，竟出现了一个用知识改变命运的人，而他的出现更是让我们看到了权力动物的可怕。

大 清 擂 台 上 的 权 力 游 戏

大清帝国历史进程中的第三对政治对手和前面两对不太一样。前面两对都是一对一的：李自成对崇祯，努尔哈赤对李夫人。这一次则是一对三——皇太极对他的三兄弟。

前文说大清帝国的出现，是因为大明帝国的自然崩摧、自然死亡，因为李自成跟崇祯皇帝的相互对峙、性格冲突，导致了明帝国彻底消失，出现了巨大的权力真空，所以清帝国才来临。可是如果我们把这个观点拿出去的话，会有史学家过来跟我们抬杠，他们会说不是这样的，在历史上还有一个短暂的南明王朝，南明史上还有几任皇帝，他们有着明确的政治权力中心，有着自己的军事武装，有着自己的战略布局，他们一直在跟清帝国对抗，如果说出现权力真空，为什么这个真空不是由朱氏明王朝的自家人来填补，而由满人来填补呢？

史可法的失误

要回答上面的问题，我们就得先说说千秋英烈史可法。史可法是中国民族历史上难得的一位英雄，和南宋的文天祥是齐名的。他独守扬州对抗清军，义烈千秋，事迹至今留在我们课本上，用来教育我们的孩子。南明

帝国的形成，正是以史可法为中心的。当李自成的流寇部队攻入北京城的时候，崇祯皇帝吊死在煤山上，这个时候帝国的权利已经南移，移到了陪都南京。南京是大明开国皇帝朱元璋最初的建都之地，后来明成祖朱棣靖难的时候，就把国都移到了北京，但是南京城中公使俱在，所以它被称为陪都，是第二个首都。

而在这第二个首都，权力最高的就是史可法，他是南京的兵部尚书。他手下有多少人？八十五万人！入关的清兵有多少人？才十七万人。在数量上是绝对不可对比的。可是由于当时消息不畅通，北京城究竟发生了什么事没人知道。实际上这时候李自成已经进入了北京城，逼死了崇祯皇帝，正在京师大劫掠。因为消息不通，史可法在南京始终不知道发生了什么事，只知道那边战事很激烈，于是史可法在南京发起了一场轰轰烈烈的募捐。但是为什么要募捐？募捐的目的是什么？史可法自己也不知道，反正觉得得做点事以拯救国家。他已经意识到国家要灭亡了。当募捐结束的时候史可法得到了消息，帝国已经灭亡了。

最悲催的是崇祯皇帝害怕他的孩子流出皇城之后，他日登基跟他争夺帝位，所以临死之前抓住皇子们不许离开，导致了明崇祯这一支彻底覆灭，皇子们成了李自成的俘虏。这个时候南京就必须考虑，再立一个新皇帝。当时有两个人选，第一个人选是小福王。这个小福王是谁呢？我们前面讲过了一个老福王，说那个老福王是郑贵妃的儿子，当时郑贵妃想尽办法想说服皇帝让她的儿子继位，但是没成功。后来这可怜的老福王落到了李自成手中，被李自成喝了血之后煮熟吃掉了，现在这个小福王逃到了南京。除了小福王之外，他还有一个叔叔，也就是说南明帝国的皇帝人选在这两人之中，谁当皇帝完全是由史可法说了算。再来比较这两个人，小福王有七大特点。哪七大特点？

第一，不尊敬父亲；第二，不孝顺母亲；第三，不敬爱兄弟；此外还有酗酒、贪财、好色、嗜杀，所以又称七大痛。也就是说他是一个不成气候的孬种。而他的叔叔呢，虽然毛病也很多，但是绝不至于孬到这个程度。如果你是史可法，你在这两个人当中选择谁当皇帝？

可是该史可法做出选择的时候，他却做出了一个非常奇怪的选择。什么选择呢？他躲了。他为什么躲了呢？如果查史书就会发现，每逢国家重大事情发生时，史可法都一走了之。在选拔皇帝这么一件大事情上，史可法不发言，躲了，而他的一个部下、凤阳总督马士英跳出来了。

马士英一琢磨：这个小福王劣迹斑斑，臭名昭彰，是不可能当皇帝的，正因为他不可能当皇帝，我偏要扶持他当皇帝，那他就会感激我了，我就可以处在有利位置。

所以马士英就气势汹汹地拿着刀子，强迫大臣们同意小福王登基，这个时候只有史可法能镇住马士英，可是史可法就是不露面。史可法为什么不露面呢？因为他是一个君子，性情高洁，不愿意跟这个小人争。可正因为他是君子，所以可欺之以方。当史可法躲了的时候，福王走到了历史前台，那么福王下的第一道命令是什么？任谁也都猜不到，他的第一道命令是：三军将士放下武器，去给朕捉青蛙。为什么呢？朕要配置春药，朕要幸御美女。

这样一个帝国，这样一个权力中心，是无法填补大明倾塌之后的空白的。再接下来，马士英在朝廷上把所有的重臣、名臣全部驱逐掉，而在这

个过程中，史可法只要说一句话，就能阻止，可是史可法始终不说话。当所有的名臣、贤臣被诛之后，最后剩下一个就是史可法。后来史可法也被赶到了扬州，所以他死在了扬州，而没有死在南京。当史可法死在扬州城的时候，南京城不得不在没有他率兵抵挡的情况下举城投降。以史可法的能力，他只能做到为国家捐躯，但是他没有能力拯救这个国家。因为他是一个贤臣，他不是一个权力动物。前面提到的努尔哈赤，他杀儿子、咎弟弟，是一个最典型不过的权力动物，只有权力动物才能打造出一个权力帝国、一个权力核心。

所以当大明倾塌之后，我们看到南明史是满眼血泪。孔尚任有一部《桃花扇》是专门哀叹这个时代的。当清兵和吴三桂的辽兵渡江的时候，江南一片歌舞升平，没有任何抵抗的意思，任由清兵如入无人之境。

传奇美女阿巴亥

清兵这么强大的战斗力，得源于努尔哈赤对八旗军制的缔造，他将每一个女真人改造成了战士，他也将每一个愿意追随他的人改造成了战士。他们的战斗力是空前无比的，但是他们的人数太少了。最要命的是大明帝国还没有灭亡，努尔哈赤就在一场战役中中炮身亡了，这一场战役，努尔哈赤遭遇了明史上最重要的人物袁崇焕。

努尔哈赤临死的时候留有遗言，让他的儿子多尔衮继位。说到这个多尔衮，又勾出清史上一个传奇人物，一个传奇美女阿巴亥。很少有人知道这个美女，她十二岁嫁给老汗王，给努尔哈赤生了三个儿子，分别是多尔衮、多铎和阿济格。努尔哈赤对她的宠爱到了无以复加的地步，宠爱到了什么程度？我们知道满洲共有八旗，阿巴亥这三个儿子一人执掌一旗，也就是说阿巴亥这个女人，她掌握了帝国三分之一以上的军事实力。

我们细看史书，当努尔哈赤命将休矣的时候，阿巴亥已经感觉到了一种危机，什么危机呢？有可能努尔哈赤会死得太早，而阿巴亥三个孩子还没有成熟起来，还没有长大成人。事实上当努尔哈赤留下遗言让多尔衮继位的时候，多尔衮才十二岁，年龄太小了。尽管他执掌着八分之三的兵力，但是他的实力、他的年龄还不够。所以当努尔哈赤归天之后，四大贝勒就坐下来商量了：我们不能坐等覆灭当头，如果我们遵守老汗王的遗嘱，把权力移交给多尔衮的话，也就意味着把它移交给了阿巴亥，这个女人从此执掌了满洲八旗的军制，谁敢不服从她？一出动就是三旗人马，我们其余这些兄弟想凑成三旗那得多难。所以说帝国的权力已经落入了这个女人之手，为防患于未然，必须干掉阿巴亥！

对于此，阿巴亥是早有预感的。在努尔哈赤死之前，阿巴亥已经勇敢地迈出了一步，向四大贝勒求爱。为什么求爱呢？她需要得力的盟友来支持她，因为她的三个儿子还太小，还无法号令天下。当时阿巴亥派了人，去给大贝勒代善送了一盒饭，给四贝勒皇太极也送了一盒饭。这个送饭是什么意思？实际上是有私情在，大贝勒代善得到这个饭之后就给吃掉了。什么意思呢？就是大贝勒代善已经被阿巴亥给征服了。而四贝勒皇太极，这人可是精明，他当即把这个饭给他老爹努尔哈赤送去：我举报，我的后妈阿巴亥要勾引我。类似这个意思。

努尔哈赤回到家，把阿巴亥训斥了一顿。批评一顿之后还是打算把权

力移交给阿巴亥，为什么？因为阿巴亥太美丽了，努尔哈赤又太宠她了。而当四大权力转到四大贝勒手上的时候，他们第一件事就是泯灭良心，尽管阿巴亥以前对他们那么好，可是他们仍然要除掉这个权力的对手。于是四大贝勒就一起去见阿巴亥，劝她说，你看你自从嫁给我们父亲以来，这么多年受尽恩宠，连生三个儿子，我们父亲对你的恩情那是不用说了。现在我们父亲死了，你是不是应该殉葬？阿巴亥当即拒绝，正是美好年华，谁愿意跟个老头殉葬。可是这件事由不得她。

正史上记载，阿巴亥手拿弓弦，说：我自从 12 岁嫁给老汗王，衣食无忧、生活美满，我自愿追随老汗王于地下。但实际上她有可能是被这四大贝勒合伙勒死的，一旦勒死她，那么她的三个儿子多尔衮、多铎，还有阿济格，他们掌握的三旗力量就已经不再形成威胁，从此权力就转移到了四大贝勒手中。这个时候历史在这里出现了一个微妙的拐点。什么叫拐点呢？拐点就是预示着其他可能。

皇太极，战争的副产品

四大贝勒掌握了权力，而在中国历史上，龙椅上从来只是坐一个人，所谓的"朕一言九鼎，朕坐拥天下"。可是现在冒出四个人来，用我们现在的话说，后金或者说大清帝国，已经实现了集体化领导、多元化领导。可是我们知道当它入主中原的时候，它仍然是一元的。其中有三个贝勒，他们肯定是心甘自愿地放弃了权力。会有这样的事吗？现在哪怕要抢一个小孩手里的糖饼，他都会跟你拼命。一个人会放弃自己到手的权力吗？而且三个人同时放弃，这其中有什么原因吗？要寻找其中的原因，还是要看这个四贝勒皇太极，他究竟是个什么样的人。

如果我们把努尔哈赤的家比作一个社会的话，那么皇太极就是典型的"黑五类"，出身不好，成分不好，备受歧视，备受打压。这还要从努尔哈赤祖先爱新觉罗部落的死对手叶赫那拉氏说起。前面说了，努尔哈赤的征战是野蛮人的征战，以替父报仇和索要女人为借口发动战争，而皇太极就是这种战争的一个副产品。话说在叶赫那拉氏出了一个美女叫孟古哲哲，这个时候努尔哈赤已经很老很老了，他听到这个消息之后很激动，马上派使者去见叶赫那拉氏，说我努尔哈赤听说你们这儿有一个美女，我也很爱很爱美女，我要求娶你们孟古哲哲为妻，把她嫁给我吧。叶赫那拉氏觉得这个要求简直太古怪了，不是正常人能提出来的要求，他们当即予以拒绝。于是找了一个借口，说孟古哲哲已经嫁给蒙古人了，你来晚了，不好意思。

使者把消息带回来，努尔哈赤放声大哭，说我受到侮辱，我被人侮辱了，我堂堂的努尔哈赤，向一个女人求婚，他们居然不肯答应，这是我们整个部落的耻辱，部落中所有的青年男子，拿起武器跟我一雪耻辱吧。当时整个部落听着努尔哈赤这个要求，那个别扭啊，一想：这个老酋长什么毛病？都这么老了还追求小姑娘，人家不答应，他就说受到侮辱了，然后我们就得跟着杀人放火，这人脑子有毛病啊。于是大伙儿开八旗会议讨论，一致决定不发动战争。

这个时候努尔哈赤干了一件事，他把刀拔出来，横在自己的脖子前，说我现在说话已经不管用了，我在部落中已经没有威信了，我的脸面被叶赫那拉氏部都给扫尽了，我这么一个老头，向一个小姑娘求爱，难道亏了

他们吗？可是他们竟然拒绝我，侮辱我，这也是对我们整个部落的侮辱。受了这么大的侮辱，你们竟然无动于衷，通过了这么一个不采取战争的决议，你们愿意承受这样的侮辱，而且还要把这种侮辱加到我身上，我以和你们生活在同一时代、同一部落为耻辱，我不活了！

努尔哈赤是部落最高领导人，他要抹脖子大伙儿只得赶紧劝住。不抹脖子也行，不抹脖子那就发动战争，向叶赫那拉氏部宣战。爱新觉罗部没办法了，只好宣战。就这样，爱新觉罗氏对叶赫那拉氏的战争就这么开打了。正如我们前面说的，这是原始人的战争，整个战争态势是典型的原始人方式的，叶赫那拉氏派来的战将是谁呢？是孟古哲哲的一个表兄，这个人名字很好玩，叫不宰。

但是我们说了，努尔哈赤用一生的心血打造八旗军队，女真战士的战斗力是空前之强大，只一战便轻易地击溃了叶赫那拉氏，不宰从马上跌下来被刀捅死。接着努尔哈赤干了一件非常离谱的事，他把不宰的尸体竖着"咔嚓"一劈两半，其中一半给叶赫那拉氏送回去了。另一半自己留下来，留下来干什么呢？这个事始终没记载，我们也没弄清楚，估计也不好查了。就这样，叶赫那拉氏被彻底征服了，只好把孟古哲哲给送来了。很快，这个孟古哲哲给努尔哈赤生了个儿子，他就是皇太极。

我们刚才说了皇太极是个"黑五类"，他的母亲是战利品，是被迫送过来给他父亲的，跟别人家欢欢喜喜送过来完全不一样，所以皇太极在幼年的生活环境中必然是受歧视的，或者至少是不受重视的，至于他是不是受到什么白眼冷落，这个史书上没有记载，而只说他的生活倍加艰苦。可能是这种倍加艰苦的环境激发了皇太极，也可能是他真的天生有智慧，他跟努尔哈赤其余的儿子产生了一种区别。这种区别是什么呢？我们刚才一直在说努尔哈赤的征伐是原始人的战争，原始人的特点是什么？野蛮、没文化、不读书。也就是说努尔哈赤所有的儿子和他所有的部落战士中没有读书人。可是皇太极他读书，他很小的时候就拜了掳来的汉人为儒家老师，跟他们学习，到了他7岁的时候，他在学识上已表现得非常优秀。

这个时候努尔哈赤交给他一项任务，什么任务呢？打理家业。要知道努尔哈赤一生征战，他家后院有数不清的女人，抢来的，骗来的，自己主动投靠来的。估计努尔哈赤自己都弄不清这些女人到底怎么回事。但是皇太极必须要弄清楚，然后每个月给她们发放粮食、各种给养品，还必须给她们定规矩。这样一来后宫发生的所有事情，没有一件能逃过七岁的皇太极的眼睛，他知道一切秘密，他知道这个帝国是怎样暗自运行的，可能隐含着哪些危机。而另外三个贝勒，却对此一无所知。

以德为名的夺权

如前所述，当四大贝勒合力绞死阿巴亥之后，权力已经落入了四大贝勒之手。四大贝勒分别是大贝勒代善，二贝勒阿敏，三贝勒莽古尔泰，四贝勒就是皇太极了，他是排最后的。无论怎么看，这个权力也跟他无关，要是夺权也是大贝勒动手，或者二贝勒动手，轮不到他。因此他必须要以一敌三，击败他的三个哥哥，把他的三个哥哥手中的权力夺过来。他怎么夺呢？皇太极夺取兄弟的权杖，秘密就八个字：以德治国，请君入瓮。

这话什么意思呢？这里面有一个久远的历史隐秘，这段历史典故，甚

至折射了我们的现代。当皇太极跟他的三个兄弟平起平坐的时候，他心里已经在考虑怎样把所有权力夺过来了。可以确信的是，他的三个兄长也在动这个脑子，但最后赢家是皇太极。

那么他是如何提出以德治国，又如何请君入瓮的呢？是这样子的：在绞死阿巴亥，把帝国的权力夺回来之后，皇太极就跟三个兄长建议了，说：三位哥哥，你们看现在这个大明帝国，一天一天地烂下去，越来越腐朽，李自成是越闹越凶，那崇祯皇帝是肯定不行了，我们肯定取他而代之。如果我们要取代大明，那么必须做个明君，必须要以德治国；如果我们不以德治国，我们不做明君，汉人会欢迎我们过去吗？他这番话隐藏着很深的政治陷阱，可是这三个贝勒不读书，脑子笨，一听都觉得：以德治国好，从小就听见以德治国这口号，喊得熟得不能再熟了，我们都是这么伟大的人物，难道不以德治国？行，咱们今后就以德治国了，咱们做个明君。

这个决议通过之后，一个可怕的政治陷阱就已经形成了。这个政治陷阱是什么？二贝勒阿敏，首先跌入了这个陷阱之中。当以德治国的政治口号或者说政治决策，或者叫国策提出来之后，二贝勒阿敏引兵出征，老规矩，攻破城池，杀光所有男人，把女人掳走。

当二贝勒阿敏兴冲冲地回来的时候，发现四贝勒皇太极正怒气冲冲地看着他，问：二贝勒你是不是攻破城池的时候杀人了？二贝勒说当然了，打仗你不杀人你杀什么？皇太极说：你怎么可以杀人呢？二贝勒有点摸不着头脑了：你这个问题简直莫名其妙了，从咱们爹那代开始，明军对我们就这么一个战术，当明军攻破我们女真人的城池的时候，攻破我们爱新觉罗的城池的时候，把我们所有的爱新觉罗男人全杀光了，女人则被全部掳走当奴隶。现在我们是以牙还牙。你怎么说出这种话呢？皇太极说：不对，你难道忘了我们的国策是什么了？我们是以德治国，你杀人满城，这是以德治国吗？你这样残忍，能树立我们的明君形象吗？如果这种事被汉人老百姓知道了，他们能欢迎我们去吗？

二贝勒阿敏一听终于醒过神来了，怪不得说要以德治国呢，原来有个圈套在这儿呢。这时候二贝勒阿敏也急了，说我人已经杀了，能怎么办？皇太极说这好办，我们召开一个"常委扩大会议"。或许我们说"常委扩大会议"大家会觉得挺奇怪，但这一招确确实实是皇太极发明的。皇太极为什么要发明这种招数？很简单，如果他要四大辅政班子——大贝勒、二贝勒、三贝勒、四贝勒——一起开会，商量如何惩治二贝勒的话，大贝勒和三贝勒心里都明白是怎么回事，绝不会答应，因为这对他们没有好处。他心想：要是三个哥哥都往一块斗我皇太极呢，我岂非自己找死吗？

所以皇太极想出来这么一个绝招：讨论这个问题不是四大班子来讨论，而是把部落中所有有头有脸的人物都招来，大伙儿一起讨论。皇太极首先问：我们是不是该以德治国？所有人都表态：当然是该以德治国，不以德治国以什么治国。皇太极接着问：如果有人违背了以德治国这个纲领和国策，我们该怎么办？大伙儿一讨论说：一定要惩罚他。最后会议通过投票决议，将二贝勒阿敏逐出领导班子，并且很快被囚禁在家赐死。皇太极通过设置以德治国这个陷阱，抓住二贝勒的把柄，这叫请君入瓮，然后再把二贝勒逐出权力核心圈。

二贝勒阿敏被逐出领导班子，班子里就只剩下大贝勒代善、三贝勒莽古尔泰，还有皇太极自己了。这个时候，皇太极就磨刀霍霍，开始瞄准了

三贝勒莽古尔泰。莽古尔泰很精，他坚决不领兵出征；不领兵出征，这就避免了有杀人放火的事件发生；不杀人放火，你皇太极就不能说我没以德治国了。他觉得自己已经很稳妥了，可是忽然有一天，皇太极又要求召开扩大会议，大家都来了，然后皇太极说：前几天，三贝勒莽古尔泰跟我讨论问题，他忽然拔出刀来，冲我比比划划要砍我。

作为领导班子成员，能这么做吗？这也太不以德治国了。于是大伙儿都说：莽古尔泰你这样做不对，应该惩罚。怎么惩罚呢？照样是逐出领导班子。

此时领导班子只剩两个人了。之后皇太极回头瞅一瞅大贝勒代善。为什么大贝勒代善留到最后？因为大贝勒代善是有前科的，他的前科是跟美女阿巴亥有不清不白的关系。而皇太极之所以没动他，包括在这一系列过程中，大贝勒代善始终没有起到保护前两个人的作用，是因为他害怕自己一张嘴，皇太极来兜他这个底。可是当他不保二贝勒、也不保三贝勒，这两个人都被清理出去之后，唯一剩下的就是他了。史书上说，大贝勒代善是相当英明神武，当他发现这个皇太极对他不怀好意的时候，便主动提出来要召开领导班子会议。皇太极心想：嘿，我还没动手他倒先动手了？先看看他怎么做。等到大伙儿开会的时候，大贝勒站起来首先就是承认错误，说：我干了很多错事，对不起我们国家，尤其对不起皇太极，所以我请求退出领导班子。当时皇太极半天醒不过神来——还没动手呢，自己就要求退出去，看来是个明白人。于是皇太极就这样放过了大贝勒代善，对大贝勒代善只是罚俸，还让他回去继续带兵，从此四大贝勒主政就变成了皇太极一个人主政。

大清帝国的权力，就由一个分散状态迅速地向一个人集中，皇太极完成这个过程，前前后后共花了八年的时间。在这八年里，他给这三个兄弟下了以德治国绊儿，然后耐心地等着他们栽进这个陷阱里去，再费尽心思忽悠底下的人起来反对，把其他三人一个个从权力核心中清除出去。现在去查清史，可以看到第一任老汗王是努尔哈赤，第二任就是皇太极，但实际上皇太极的位置是他绞尽脑汁、用尽所学才夺过来的，此后皇太极就开始治理这个国家。事实上这个时候大清国还不存在，存在的是一个后金。

大清国号的由来

在满族有关于大清王朝为什么叫大清的一个传说。相传努尔哈赤原先有一匹大青马，在一次战争中他被打败了，于是他骑着大青马拼命地逃，最后这匹大青马活活累死了，而努尔哈赤却活下来了。努尔哈赤很感激这匹大青马，对大青马的尸体发誓说：大青大青，感谢你救了我，等到有一天我得志了，我建立一个国家就以你为名。满族人是这么传说大清帝国的由来的。

但实际上，"大清帝国"是皇太极的脑子里蹦出来的一个原先不存在的词。如前所述，当皇太极在与他的三个兄长斗智斗勇的时候，他的脑子里面从来没停止过入主中原号令天下这么一个信念。这里我们也要披露一个秘密：为什么皇太极能赢他这三个兄长，而不是三个兄长赢了他？答案很简单，因为他是对的，他一直做着对他们部落有益的事，他将他的部落向中国的权力中心推进，所有人都在看着，所有人都知道他的努力是有效的，

所以才会拥护他追随他。

　　为什么他的努力有效？因为他是一个超级优秀的广告策划人。他优秀到什么程度？他优秀到能够无中生有。什么叫无中生有？我们现在有个词叫创新，创新就是无中生有，就是在原本没有的情况下，创造出一个新东西来。皇太极就是这么一个无中生有的高手。当他打败了三个兄长，夺得了权力之后，他又做了两件事。第一件事，他给自己起了个称号。在他之前，努尔哈赤是称老汗王的，皇太极不称汗王了，他要称皇帝，并且还给自己弄了一个封号，叫宽温仁圣皇帝。目的就是给关内正在遭受兵乱的汉人百姓发出一个信号：这有一个宽厚仁德的皇帝，你们应该拥戴我。

　　发出这个信号之后，他发现效果不太好。因为当时是不存在大清帝国的，努尔哈赤创的是后金，在当时称的是金国，为什么要创金国呢？因为女真人她们就金国的后人，所以努尔哈赤为恢复当年祖辈的荣耀，还是号称金国。但皇太极知道中原民众对金国人的抵触，他知道有一个岳飞，他知道中原民间都知道岳飞抗金，如果他把自己命名为金国的话，汉人一听，本能地就会觉得是他们的敌人。所以后金这个词不能用了，他要创造一个新词出来，于是就在脑子里凭空捏了个词叫满洲。

　　现在听到这词可能大家都没什么感觉，但是要知道创造一个不存在的东西、创造一个不存在的词，那是一个广告策划人的天才创意。他从此改后金为满洲，然后起国号叫大清，满洲人也好、大清也好，对中国的老百姓而言都是非常生疏的东西，以前完全没有听说过。当皇太极创造出了这两个词之后，很重要的一点是他隐藏了后金这段历史，化解了汉人对他们本能的排斥和抵触，皇太极的智慧在这里体现得淋漓尽致。那么他的智慧来源于何处呢？源自于读书，他是满洲人中、满洲子弟中唯一读书的人。他为什么读书？前面已经提到了，这跟他的身世有关。他的母亲是战败一方贡献给战胜一方的战利品，而皇太极的诞生，更是搂草打兔子捎带的副产品。在这样的背景下，他必须坚强拼命地挣扎奋斗，才能夺得自己所需要的一切。

同样的问题，我们在前面已经提过了：为什么是他？为什么不是别人？我们在前面讲过，李自成的经历使他形成了一种强烈的反社会人格，他认为什么都是水中月、镜中花，东西吃完就没有了，人格上以破坏为主，但为什么皇太极没有形成以破坏为主的人格？崇祯皇帝由于幼年生活在悲惨的境遇中，结果形成了老鼠人格，为什么皇太极没有形成老鼠人格？关键在于皇太极拥有一种非常重要的能力，叫自我拯救能力。如果比较崇祯皇帝、皇太极和李自成这三个人，观察他们每个人的志向，我们会发现：崇祯皇帝早年唯一的志向是活下来，等到迫不得已要他去拯救一个国家的时候，他完全没有这个能力；李自成的志向也很简单，就是吃吃喝喝、搞搞破坏就行了，从来也没有产生过其他想法，当然他不需要为此负责，因为他成功地完成了他的历史使命；而皇太极，他的志向是要拯救天下苍生。正是因为这种信念，他拥有一种非常可怕的权谋天赋。

皇太极为他的三个兄长设置权力陷阱的整个过程中，他都是光明磊落的，他都是问心无愧的，他没有一点鸡鸣狗盗之意，他想的就是：那边大明帝国已经崩摧了，我们必须打造出一个高品质的道德平台去承载它。正因为有这种想法，所以他的这种崇高的思想和理念，促使他战胜了他的兄长们。而他那三个兄长则还是原始人，拥有原始人的思维，无法接受这一

先进文化，所以被历史淘汰了。也就是说，在这一路对手之中，促成皇太极取胜和他三个兄长出局的，是一个宏大的理想，或者说是一个宏大的社会构思。这个宏大的社会构思成全了皇太极，也铸成了今天的历史，而其他三人则依然是原始人思维，没有这种宏大构思，因此他们被历史所淘汰。追述这段历史，意义也就在这里。

第四回

叔嫂情战
多尔衮 VS 孝庄

　　在中国历史上，大清帝国的繁荣几乎无人不知，但就在这种看似繁荣的背后，却隐藏着很多秘密的勾当。人们的想象力从未超过历史的本身，大清国第一次政治危机背后牵出来的是历史上最大的秘密之———多尔衮和孝庄是否存在暧昧关系，多尔衮为何将到手的权力拱手让与后者？

大 清 擂 台 上 的 权 力 游 戏

大清帝国历史上的第四对对手，是多尔衮与孝庄之间的叔嫂情战。我们中很多人对这段历史的了解，更多是来自于电视剧，比如由斯琴高娃扮演的孝庄，经常在电视里声嘶力竭地呐喊我孝庄如何如何，而事实上孝庄是她死后的赐号，她生前是不会这么自称的。

那么这个孝庄皇后到底是一个什么样的人？她又是如何参与了历史的进程？了解这样一个人，要从大明帝国的最后一战开始讲起。

大明帝国的最后一战

这最后一战又称松山战役。当时大明帝国为了挽救自己的颓势，派出了王佐之才洪承畴统兵七万，去摧毁皇太极的大清围军。此战在松山展开，首次交手，双方的兵力损失大约是十比一，也就是说明军这边死十个人，才拼死清军一个人。当时洪承畴一看说，不行，我们明军的战斗力太低了，这场战争绝对不能这么打，这么打我们必输无疑，我们一定要想个能取胜的办法再战。

于是，他把这个情况报给了崇祯皇帝，崇祯皇帝的答复是：不行，现在就必须决战。为了防止洪承畴不决战，崇祯还派使者拿出尚方宝剑，敢

不决战就要将洪承畴立刻斩首。洪承畴万般无奈，只好统兵移师松山，尽管松山是有名的绝地。这一场战役，皇太极出动了全国的兵力，凡是六十岁以下、十六岁以上的男子全部出征，不管是干什么的、有什么特殊才能。但即使全部出征，兵力也不过六万多人。皇太极就以这六万多人将洪承畴的七万多人团团围住，并且挖了三道壕沟，切断了洪承畴部队的粮草供应。

后人听到这段历史感觉很不可思议，孙子兵法曰十则围之，现在兵力不到一比一，清军怎么能包围明军呢？原因很简单，因为双方的战争装备不同。比如明军这边的伙食是小米，一餐不吃小米大伙儿就会挨饿，因此七万多人往前移师的时候，后线有一个长长的补给线，络绎不绝地往前方运小米。所以，只要皇太极把这个运输线掐断，这七万多人吃的都没有了，还打什么打？清军这边则向来是喝马奶、吃奶酪，奶酪往身一揣就是一袋子，能吃好几天。结果松山一役洪承畴大败被俘，得知洪承畴被俘之后皇太极非常兴奋，因为他很清楚自己销毁了一把守护大明帝国的利器。

王佐之才洪承畴

洪承畴是王佐之才，怎么来评价他这个人呢？我们可以把洪承畴跟当时大明帝国的另两个人做一个比较。第一个人叫何腾蛟，是湖广总督。当李自成被清兵杀掉的时候，他手下还有 30 万人，而这 30 万人就被何腾蛟给收编了。何能够收降这些流寇作为官兵，无疑需要非常超凡的能力，我们称这种人为能臣。能臣胆大包天，什么事都敢干，干好了是自己的运气好，干不好也就算了。何腾蛟就是这么一种人。

第二种臣子我们称为贤臣，谁是贤臣呢？史可法。贤臣以自己的高尚人格来感召世人，但这种感召的代价是惨重的，当世人感受到他的人格时，他已经死了。也就是说当世人意识到他很伟大之前，局面已经不可收拾了。而洪承畴是王佐之才，王佐之才不做能臣做的笨事，也不像贤臣那样用自己的品行去挑战人性，王佐之才是顺着人性走，统驭人性如统驭老虎，他能够让你的人性，不管是好的一面还是坏的一面都为他所用，最终达成他的政治目标。

洪承畴是这么一个厉害的人物，却因为崇祯皇帝不给力，结果落到了皇太极的手中。得到这样的人才皇太极很兴奋，开始派人接二连三地来劝说洪承畴投降。洪承畴一律回绝：不可能！我生是大明的臣子，死是大明的鬼，不能投降。

皇太极很困惑，又派了一个人去观察洪承畴。这个人是谁呢？他是第一个投奔大清的汉人，叫范文程，是大宋名臣范仲淹的后人。那么范仲淹的后人为什么会投奔清朝、投奔异族呢？因为在中国的知识分子心中，一直有这么一个情结：投奔明主、一生追随。范文程好似一个女人，他要寻找一个主人追随。范文程认为自己没有食大明之禄，他的祖先范仲淹也没有食大明之禄，因此他就可以随意选择主人。因为没在明朝为官，所以学成之后，范文程认为努尔哈赤迟早会吞并大明帝国，于是就投奔过去了。

范文程进了房间，跟洪承畴交谈，照例是"先生好，先生有什么不适宜的地方吗"之类的问候。洪承畴也还是照旧破口大骂，说：滚，我不跟你这种汉奸说话。在说这话的时候，房梁上掉下一粒灰尘，落在洪承畴的

衣服上，洪承畴拿手一弹，范文程一看就笑了，然后不动声色地退出来。出来碰到皇太极，皇太极就问：你看这洪承畴到底会不会投降？范文程说：没问题，我打赌他肯定投降。皇太极问：你怎么这么肯定？范文程回答：我跟他说话的时候，房梁上掉了一粒灰尘，他马上拿手弹开。他连自己身上落下一滴灰尘都不能容忍，料他学了一辈子的王佐之才，若一生没能使用，他能甘心吗？所以他肯定会投降，并找一个机会把自己的才智运用出来。

话虽这么说，可洪承畴是铁嘴钢牙，咬着不投降。就在这个时候，一个人走进了历史。是谁呢？就是我们在电视剧里看到由斯琴高娃扮演的孝庄皇后。

这里有一个典故叫"迷美色大帅投降"。史书记载，孝庄听说洪承畴这个能人不投降之后很好奇，要过去看看，于是便熬了一碗老参汤，亲自给洪承畴送去了。此事的真假我们不好确定，但如果这事是真的，那么无论洪承畴是何等铁石心肠，想必都会被感动。为什么？因为他为大明天子卖命，大明天子却视他不如一条狗；而这边，却是皇后亲自出来给他送汤喝，这对一个知识分子来讲可谓是最高的荣誉、最大的重视了。一个人不能不识好歹，因此到了这一步洪承畴也就投降了。而此人一投降却注定了历史不可逆转的方向。

大清国的第一次政治危机

伴随洪承畴投降而来的是皇太极的死亡。皇太极死得很突然，为什么这么说呢？我们说过他是一个创意大师，他是一个天才的广告策划人，如果他生活在现在，那么他肯定有一句名言：不做皇帝，就做广告策划人。他善于无中生有，可是这种无中生有的创造是要消耗人的精力、消耗脑细胞的，而动用脑细胞是需要人提供能量的，所以说他等于是把自己累死了。

皇太极死得太突然，没有留下一句遗言，这导致大清国出现了第一次政治危机。当年皇太极夺得大权的时候，杀了美女阿巴亥。为什么要杀阿巴亥？阿巴亥有三个儿子，多尔衮、多铎、阿济格，此三人每人都执掌一旗的兵力，占八旗的八分之三。如果阿巴亥在世，那么帝国最有权势的就是这个女人了，她只要一声令下，三旗人马立即出动。后来尽管阿巴亥死了，但是三旗人马仍然在。

当皇太极死后，多铎、阿济格就来找多尔衮了，他们对多尔衮说：还记得老爸努尔哈赤死的时候，是留言让你做皇帝的，结果呢，皇太极带着三大贝勒把咱妈勒死了，夺走了这个皇位。现在皇太极死了，这个皇位我们要夺回来。皇太极死了没有遗言，所以很快要开会选拔一个皇帝了，我们哥俩选你，你再投自己一票，咱们就有三票了。

但是这么多年来，皇太极也没闲着，皇太极的大儿子叫豪格，他也有一批支持者，这些支持者加起来也是三旗人马，跟多尔衮实力相当。另有两旗人马，一旗由大贝勒代善执掌。大贝勒极早就退出了政治权力中心，可是他仍然掌握着一旗人马。还有一旗人马是在郑亲王济尔哈朗手里。也就是说，现在一切取决于这两个人，这两个人如果支持多尔衮，那么多尔衮就是皇帝；这两个人如果支持豪格，那么豪格就是皇帝。他们会支持谁呢？

当这个会议召开的时候，会议上一片混乱，首先是多尔衮这边的家将，

拎着刀出来大喊：我们要推荐多尔衮当皇帝。豪格那边也不示弱，大家也都拔刀子冲上来了喊：我们推荐皇太极的儿子豪格，谁敢反对，老子现在就跟他拼了。双方之间的血战眼看一触即发。这时候所有人的目光，都转向了大贝勒代善和郑亲王济尔哈朗。猜猜这两个人是如何表态的？这两个人竟然说，肚子有点不舒服，我去趟洗手间。于是便溜了，这么大的事他们居然不管了。

在两派力量相持不下的过程中，鳌拜这个皇太极的老家将，硬推着豪格往龙椅上坐。结果多尔衮就立马拔出刀来，威胁说如果豪格你敢坐我现在就一刀劈了你，豪格被吓住了，不敢坐。可是大伙儿也不能老这么僵着，得有个人主持局面，但大贝勒代善躲了，没人管这个闲事，最后还是多尔衮自己来解决这个问题。

多尔衮说：这么着吧，这个皇位我不坐了，但是你豪格也不能坐。那么到底让谁坐这个位子呢？皇太极的第九子福临。此时福临刚刚六岁，多尔衮说我能做个摄政王。但济尔哈朗就不干了，多尔衮说：行，那你也是摄政王，咱们俩一起摄政。这个小福临就是后来的顺治皇帝，他成了小傀儡，被这两个人架空了。

清宫疑案——多尔衮与孝庄的暧昧关系

这一事件曝出了清宫史上最大一起疑案：多尔衮为什么要推荐顺治做皇帝？他跟顺治母亲孝庄是否有什么秘密交易？有关这件事情，史学家高阳先生经过在史料里一番考证，最后得出一个结论：多尔衮跟孝庄这两人是早就有了美丽的爱情，并且事已确凿，而这个事皇太极是不知道的。

高阳的研究到此为止，这个研究成果使史学界产生了分歧，出现了两派史学家，一派认为，既然两个人已经确有其事，那么他们应该立有一定的婚约，这也不是没有证据，在当时的史书上、诗文上都有很多记载。比如有一本叫《清朝野史大观》的书上是这么说的：多尔衮趁着皇太极在前线作战的时候，经常往皇太极家里跑，于是跟他的嫂子孝庄有了美丽的爱情，等到皇太极死了以后，两人爱得是更加炽烈如火了。后来范文程出来了说他可以做媒人。最离奇的是，范文程首先要说服的是小顺治皇帝，他告诉小顺治：现在的多尔衮摄政王就是你父亲，皇后就是你母亲，你父亲和你母亲如此相爱，要住在一起。《清朝野史大观》里有这么一段野史记载，所以史学家推测，多尔衮和孝庄可能存在事实婚姻。另外当时的抗清诗人张煌言还写过一些诗，据说这些诗写的就是当时宫里举行婚礼的盛大场面。总之这一派史学家认为，孝庄皇后曾嫁给过多尔衮。

另一派史学家则根据正统的史料如《清史稿》，认为孝庄没嫁给多尔衮，他们斥责前者：你研究了半天最后拿野史充数，这不忽悠人吗？

那么孝庄皇后到底嫁没嫁给多尔衮呢？要弄清这个问题，我们得先回答两个问题。第一个问题：如果孝庄皇后嫁给了多尔衮，她为什么要嫁给他？第二个问题：如果她没有嫁给多尔衮，她为什么不嫁给他？仔细看这一段历史，会发现它和前文阿巴亥的故事几乎如出一辙。当老汗王努尔哈赤死的时候，阿巴亥已经成了权力的中心，同样的，当皇太极死的时候，孝庄也成了权力的中心。当年阿巴亥主动地向大贝勒代善求爱，向皇太极求爱，并不是真的爱这两个人，而是希望获得这两个人的支持，来保住她

的三个儿子和她手下的三旗人马。设想如果阿巴亥成功拉拢了这两个人，那么她就有五旗人马了。

同样的历史难题，放到了孝庄面前了。当她的丈夫皇太极死的时候，或者在她的丈夫死之前，孝庄必须考虑这么一个问题：我要做什么，才能保住儿子的皇位？很明显，皇太极一死，最有势力的人就是多尔衮了，如果多尔衮想让她儿子小顺治死，将是易如反掌之事，如果他想把小顺治推上皇位，也就能推上皇位，因此孝庄必然要争取多尔衮的支持。高阳先生认为这两人有了这个事实上的私情，是完全符合历史逻辑和现实逻辑的。想一想，多尔衮本来是有可能当皇帝的，但是因为皇太极把他妈勒死，他就失去了这么一次机会，他心里对皇太极肯定有恨、有怨，可又不能流露出来，如果流露出来，那就危险了。

虽然这恨、这怨不能流露出来，但是他可以向他的嫂子示爱。也就是说，多尔衮有征服孝庄的欲望，以宣泄他心里的怨恨。而孝庄皇后，也有征服多尔衮的欲望，因为她需要获得这样一个盟友的支持，以保护他的儿子。于是，他们俩之间就构成了一个"你也离不开我，我也离不开你"的奇妙的情感组合。对于多尔衮来讲，他每次去找孝庄的时候，都有一个占便宜报仇的心理；对于孝庄来说，她每跟多尔衮欢好一次，都使她儿子的安全和她自身的地位得到了进一步巩固。

由此我们进一步分析：孝庄是否还有必要嫁给多尔衮呢？应该是没有嫁，因为她嫁过去就没有价值了。多尔衮家里的小老婆成堆，且都是年轻的小姑娘，而孝庄年老色衰，嫁过去不是添乱吗？但是不嫁过去，她就是皇太后，地位身份非同一般。对于多尔衮来讲，跟皇太后有一腿，这是多么刺激的事啊，娶到家里当老婆的话，这种刺激就没有了。

所以从历史逻辑上来分析，他们两人应该是心照不宣的，我知道你要求什么、你也知道我要求什么的一种关系。双方在情感上彼此之间有一种互通——都是绝顶的聪明人，话不需要多说，只要把该做的事情做了，双方就稳妥了。于是大清帝国就进入了一个非常奇妙的时期，此时顺治皇帝刚刚六岁，这是一个不幸的皇帝，一个悲催的皇帝，他只是一个傀儡，一切都得听别人的安排。多尔衮跟孝庄之间的这种奇妙关系，却促成了大清内部的空前团结，因为这种奇妙关系使多尔衮在以摄政王的身份去攻城略地的时候，很有成就感——出征有成就感，回来还有成就感。

就在大清处于这样一个奇妙时期的情况下，爆发了历史上著名的"冲冠一怒为红颜"的事故，李自成跟吴三桂之间发生了暴力冲突。

吴三桂的传奇故事

前面讲李自成的时候说他拥有破坏型的人格，他的这种人格特征在对待吴三桂的事情上体现得最明显——夺人妻子，杀人老父。那么吴三桂有怎样的人格特征呢？用我们现代的话来讲，吴三桂具有骑士精神。

吴三桂的祖上原本是高邮人，但是不明什么缘故，移民到了关东。从这个情况来看，他们家应该是有前科的犯罪分子，因为当时只有两种人去辽东，一种是犯了罪被流放到那儿的，一种是犯了罪没被抓住自己跑出去的，吴三桂他们家为什么过去已经没人知道了。

吴三桂的父亲吴襄，是一个很精明的军事将领，他最著名的战术就是

腿长逃得快，在与清兵无数次交战中，胜的时候很少，但是清兵没有一次能逮到他——他跑得超快。当吴襄在与清兵作战的时候，他的二儿子吴三桂出生了。吴三桂出生时，跟别人很不一样，他生来就哭个不停，就跟死了爹一样哭，哭得吴襄很烦恼，抽刀就要杀这个孩子。可刀一抽出来，却看到这个孩子欢天喜地，当他把刀放回去后，孩子又哭了起来。吴襄忽然弄明白了：这孩子喜欢听到刀的声音。于是他就把吴三桂抱到了演教场上，让他看那些士兵训练，小吴三桂果然欢天喜地。到了吴三桂九岁的时候，他突然失踪了，吴襄很困惑，找半天没找着，这也就罢了，那时候丢个孩子是正常的。过了一年，有一天吴襄回家，忽然发现他儿子房间有灯，进去一看，发现一个身材高大的少年，怀里抱着两个怪东西在那儿沉思。吴襄一看：这不是我失踪的儿子吗？就问他：儿子，这一年你去哪儿了？吴三桂说：我跟师父进山学艺去了。吴襄骂道：你这个小王八蛋一跑一年，你进山学艺？你忽悠谁？吴三桂不耐烦道：你滚，少来烦我，再烦我就揍你。吴襄一听这还得了，拖着吴三桂就出来了，要狠狠揍吴三桂。结果吴三桂一还手，吴襄当时傻了，虽然吴三桂刚刚十岁，但他的武艺跟一个不知名的师父在深山中学成，一出手就比他父亲高出不少倍。

很快吴三桂就进京参加武举科考，他的表现非常优秀，轻松地拔得头名。中了武举之后，就有功名在身了，也就算是一名军官了。于是朝廷把他派到前线去，跟他父亲搭伴一块儿作战。在这期间发生了一件事，有一天他父亲吴襄带着几百个人出城侦查情况，出城不久就听见四面八方蹄声隆隆，四支清军骑兵从四个方向包抄过来，把吴襄团团围在中间。

当时吴襄很恐惧，向清兵发起了自杀式的冲击。可是清兵不交战，吴襄他们往前一冲，清兵就退，但是吴襄他们冲到哪儿，清兵就围着他一直跟到哪儿。这个时候吴襄才明白过来，清兵这是想围点打援。清兵不杀他，而是要引城里人出来救他，一旦城门洞开，清兵正好杀进城去。换句话说，吴襄是得不到城里的救援的，他死定了。就在这危难的时候，吴三桂只身带了二十个人，冲出城来，但他这样做是违抗了将官的命令的。将官是不允许任何人救他的，因为一出去，肯定是有去无回。吴三桂以二十个人为帮手，直接冲入了清军的大队人马中，把他父亲给营救出来，也将这几万名清军骑兵看得目瞪口呆。这件事一直上报了崇祯皇帝座前，崇祯皇帝对吴三桂钦佩有加。单骑救父之举传遍朝野，天下闻名，而那一年吴三桂才十几岁。从此吴三桂就镇守在边关，松山战役吴三桂也参加了，在松山战役中，当时几乎各支部队基本上都被清军消灭了，只有吴三桂把人全部带了回来。逃回来之后，吴三桂就成了辽东的唯一守将，他变成替明帝国抵挡住清军对大明俯冲的中流砥柱、定海神针。就在这漫长的攻守冲突期间，李自成攻入了北京城，逼死了崇祯皇帝，尽管在此之前，崇祯皇帝已经下令让吴三桂放弃辽东，移师去迎战李自成。

当吴三桂接到命令移师回关，刚刚抵达山海关的时候，北京城已经被李自成攻灭，崇祯皇帝也已经吊死煤山。大明帝国灭亡了，吴三桂成为了一支孤军，没有了国家，也没有了后方。之前吴三桂一直在前线作战，而后方的国家一直给他提供补给，如损失的兵器、战马等，但是现在没人给他提供这些了，所谓孤军难立。就在这时，李自成给吴三桂写了一封招降信，要求吴三桂投降。

吴三桂收到这封信之后，就开了一个会，把他手下的将领全招来，对

他们说：现在的情况是这样的，我们皇上已经死了，作为臣子，我理应自杀殉国，但是你们追随我这么多年，我死了你们怎么办？现在李自成的招降使者也已经到了，我们是杀了他，然后大家自杀呢，还是接受使者的要求、投降李自成呢？这么大的事我拿不了主意，你们讨论讨论吧。吴三桂手下的将官们商量半天，最后一致说：大明既然已经灭亡了，挣扎无益，那我们也投降吧。

就这样，吴三桂思考了一下，便把部队留在了山海关，自己带领着一些亲信准备进京去见李自成，他完全不知道李自成压根儿就没想过做什么皇帝，他只习惯性地继续在破坏，而这封书信呢，只不过是李自成手下的谋士所为。招降吴三桂是对的，但李自成完全不知道这么做的意义。

就在吴三桂行至半路的时候，突然遇到了他的一个家臣，家臣见到他就大哭一场，告诉吴三桂说：你的父亲吴襄已经被李自成捉起来了，被李的手下用大板子夹脑袋，每天都受严刑拷打，被逼迫交出家里的所有财产。吴三桂听了哈哈一笑，说，这应该是李自成在考验我，等我投降了，我父亲就没事了。然后他又问了一句：陈圆圆怎么样了？

这个问题可就问在点子上了，陈圆圆是谁呢？陈圆圆原来是扬州的一名演员，唱小曲的，她被人买来送进宫里，想送给崇祯，但是崇祯皇帝是心事重重，根本就没有心思琢磨这事，又把陈圆圆给推出来了。在这种情况下，陈圆圆就跟吴三桂相遇了。当时吴三桂跟陈圆圆是有婚约的，待吴三桂从山海关回来，就要迎娶陈圆圆，而陈圆圆就住在北京吴三桂府上。可是在北京城陷落之后，李自成手下的大将刘宗敏把陈圆圆掳走了。

当吴三桂听到这个消息的时候，他就不得不重新考虑自己的选择了。

他是这么分析的：捉我的父亲，那是因为李自成在北京城进行大掳掠，所有的官员都被抓，这也许还说得过去；但是，他又捉走了我的女人，这是摆明了对我的侮辱。他不尊重我已经到了这种程度，我还自己送上门去，他能把我当人看吗？肯定也是把我杀了。在这种情况下，我再投降已经没有意义了，我不能送死。

于是吴三桂返回了山海关，重新把将士们召集起来，一五一十地说明了这些情况。结果辽兵们一致认为：绝对不能投降李自成。因为李自成倒行逆施进行京城大掳掠，这不是治理国家的态度，而是在摧毁一切，即使投降过去，也只会被他杀害。所以一定要竖旗，重新恢复大明。

于是，吴三桂就在山海关举旗反叛——他背叛了李自成。接到这个消息后，李自成竟然亲自统领全部的三十万人，去攻打山海关。这是前所未有的昏招。怎么叫昏招呢？想想山海关是干什么的，是修建来抵挡关外敌人的，可是李自成身为大顺皇帝，却带兵从内部打过来，他去打山海关谁来守山海关抵御关外敌人呢？所以说李自成做事前没有经过任何考虑，他的行动信条是：你不让我痛快，我就不让你痛快。

吴三桂的辽兵当时只有七万人，孤城难守，在双方血战的时候，吴三桂不得不做出决定：去找清人借兵。

清兵是如何入关的

就在吴三桂和李自成发生血战的时候，多尔衮正跟孝庄依依惜别，带领了大队人马去回守北京城，他此时还不知道北京城已经被李自成攻打下

来了。在行军路上，他得知了这个消息之后，马上召集了两个人——范文程、洪承畴，然后打了一个旗号。这个旗号特别怪异，叫"为大明天子报仇"，好像他跟崇祯皇帝是一伙的。他为什么打出这个旗号？因为李自成全是在掳掠、在破坏，而不管崇祯皇帝以前是多么不堪、不成气候，相比之下，李自成的所作所为更是天怒人怨，所以这个时候不管任何人打出"为大明天子报仇"的旗号来，都会赢得民心。

就在多尔衮打出旗号、带着部队朝山海关行进的时候，吴三桂派的使者来了，要求借兵。多尔衮听到这个消息，第一个反应就是：这是吴三桂在使诈，不答应。吴三桂当天派出了八批使者，多尔衮仍然拒绝。最后范文程看不下去了，向多尔衮建议：吴三桂已经这样了，他绝对是真正的借兵。但多尔衮还是不答应，除非是吴三桂亲自来见。在这种情况下，范文程亲自赶到山海关，替吴三桂镇守山海关，然后吴三桂腾出空儿，来见多尔衮。

在见多尔衮之前，吴三桂过刀山、下火海、跳油锅，经过了三个难关，见到了多尔衮之后，他就叙述了一下李自成做的事。最后多尔衮表态：大明天子太惨了，以前的事我也不忍说，以后的事我也不必说，我跟你之间就做一个约定，我们清军进入中原后，如果妄取一粒米、妄动老百姓一棵草，我拿命来抵。

但吴三桂还是不放心，希望得到一个保证，让多尔衮立个毒誓。于是多尔衮宣誓说：如果我违背了今天对你的诺言，我到了中原以后做出了对不起你的事，那么等我死后，尸体就被人拖出来，一刀把脑袋砍掉。大致就是死后被分尸的意思。

真是一语成谶，多尔衮的这毒誓后来真的应验了。后来多尔衮带领清军入关，小顺治皇帝把他的家搬到北京城，清兵定鼎中原。这些事实全部违背了他对吴三桂的诺言，而吴三桂也没办法要求他履行诺言，最终落到了汉人眼中卖国贼的地步。

但多尔衮不久之后突然死掉了，死因是连番征战，累死的。他死了之后，顺治皇帝狠狠地为他妈报了一剑之仇，也是召开了会议，宣称多尔衮是个坏蛋，把多尔衮的陵墓铲平，尸体也拖出来砍掉了脑袋。听到这个消息后，吴三桂放声大哭，他感觉这个世道真是太离奇了，大家感觉不会应验的事吧，都应验了；感觉应该应验的事，还没有应验。为什么这么说？

请注意我们所说的对手戏，主导它们的关键因素是什么呢？是人性，因为人性是多变的，是难以观察和预测的；正是因为这种难以观察和预测，才导致了历史的复杂多变，尽管同时也有其必然性。历史，就是这样一个进程。

多尔衮与吴三桂达成协议之后，双方就准备合击李自成，这个时候李自成还浑然不知，战役在一片石展开。当时的情况是，三十万的李自成大军狂攻山海关，而到了晚上，山海关大门已经悄然打开，多尔衮的两支辫子军已经悄然进去了。在这个过程中，李自成居然不知道，因为他是流寇，不习惯观察敌情，向来是跑到哪儿算哪儿的。第二天天亮之后，吴三桂再次率军出征，跟李自成展开了血战。按照吴三桂和多尔衮双方的约定，当战事打到一定程度的时候，吴三桂负责咬住李自成的一字长蛇阵，不让其合拢，而后清军突然杀出，击碎李自成的人马。

但是打到最后吴三桂发现，多尔衮的清兵在城里就是不出来，吴三桂没办法，只好派了使者杀入城中，去催请多尔衮。但多尔衮这时候又提出

一个要求，说：咱们前两天定协议的时候太着急了，有一条关键的条款给漏掉了，就是你们辽军得留辫子。留辫子代表着什么呢？就是表示投降清兵。这一招可把吴三桂坑惨了，但是走到这一步就已经没有回头之路，如果他不答应，那么现在只能被李自成活活砍死，而答应了说不定以后还有机会。于是吴三桂就硬着头皮答应了下来，清军也按约出动了。

霎时间，李自成的三十万大军土崩瓦解，因为他们没有想到会出现辫子军。这场战役充分暴露出李自成的一个思维盲点，即他只知道杀人，而想不到对方会请帮手，以为这个山海关就是世界尽头，不知道关外会有人掺和进来。

到了这一步之后，李自成只能落荒而逃了，一直逃到了北京城。到北京城之后，李自成急急忙忙地登基，建立了大顺朝。可是已经这节骨眼了，还来得及吗？李自成可不管，不但得建立大顺朝，而且还得按照规矩：先是众将领跪下恳请李自成登基，然后李自成板着脸，说些孤何德何能、不能答应之类的话，搞了半天之后终于登基当了皇帝。

当上皇帝之后，李自成便下令开炮，把北京城全部摧为平地，所有的军人杀入城内烧杀掠夺一番之后，便带兵逃走了。他为什么这么干呢？前面已经说过了，李自成就是个破坏大使，能带走的都带走，不能带走的就毁掉，绝不会便宜其他人。他一口气逃回了西安，关门做起了土皇帝。李自成做了皇帝之后，他的管理办法就一条，就是不管任何人，不管犯了什么错，他就一个判决：杀。婆媳吵架了，拉过来捅死；偷了人家一只鸡，拉过来捅死；对陛下不敬，拉过来捅死，来来去去就这一招。

这哪叫治国啊？这分明是祸害。所以当吴三桂跟多铎、阿济格合兵杀向西安的时候，李自成只能弃城而走，渡黄河而逃。清军一直追着他渡过了黄河，李自成遭到了吴三桂他们无数次的袭击，狼狈异常。

后来李自成想了一个办法，他说：清兵一直追着我的大部队，虽然我的人多，他们人少，但他们的战斗力比我的强。现在最好的办法是让大部队吸引他们，我自己带领小股部队从其他路逃走。

这个想法害惨了李自成，实际上清兵就是要把他往这条路上逼，所以当李自成带着小股部队走的时候，遇上了清兵的小股部队，结果一照面就被清兵杀了个精光。最后李自成孤身一人逃亡，最终被一个农夫杀死了。

这里还得提一提李自成的妻子高桂英皇后，这个高皇后是一个非常有意思的人物。我们知道李自成混到最后，是清军也要杀他，明军也要杀他，吴三桂也要杀他，按理说他的皇后的处境也不是太安全的。实际上，高皇后的政治地位是非常高的，李自成死后，高皇后首先带着部队投奔了何腾蛟，何腾蛟对她行的是皇后之礼。后来高皇后带着她的一部分人马在一个山坳里继续抗清，最后被清兵围俘，又送到了北京城，在大宅院里面养老。高桂英皇后最后活到九十多岁。

之所以要描述高皇后的这一段轶事，实际上是为了揭示历史规则中的一种柔性之美。这是一种什么规则？这是一种男性争斗规则，而在这种男性规则中，女性是有一定的豁免权的，她们可以获得足够的生存空间。这种男性规则也能够容纳她们，比如多尔衮不会往死里逼孝庄，所以多尔衮最终失去了天下，而到了大清顺治朝的时候，他们也不会逼高皇后；但皇太极却逼死了阿巴亥，这是为什么？因为这是冷血、残忍又不讲究丝毫人性的帝王之术，这也正是我们这个民族所深深厌恶的。

第五回

帝王之黑色智慧

康熙VS鳌拜

　　谁是中国历史上最冤的武将？是岳飞吗？不是，在大清帝国的历史上，有一位比岳飞还要冤的人。他是谁？康熙开创了中国历史上著名的康熙盛世，那么，他真的是一位英明神武的明君吗？权力背后，究竟有多少黑幕隐藏了事实真相？

大　清　擂　台　上　的　权　力　游　戏

历史上最冤的武将

在开始讲大清历史上第五对对手之前，我们先问一个问题：谁是中国历史上最冤的武将？可能大家脑海里会立即有一个形象一呼而出：岳飞。

岳飞可以说是我们每个人最熟悉不过的民族英雄。岳飞被冤杀是当时的宰相秦桧所为，可秦桧为什么杀他呀？原因究竟是什么呢？如果大家有兴趣的话，不妨去翻一下金兀术的遗嘱，一下子就能找到答案。金兀术临死之前给金国留下了一份遗嘱，这份遗嘱里说得很明白：金国现在已经到了最危急的时刻，南宋那边兵强马壮，随时可以平灭我们。但我们手里还有一个杀手锏，那就是被我掳来的两位大宋皇帝，虽然宋徽宗已经死了，但是宋钦宗还活着，如果南宋敢以它强大的军事力量向我们金国叫嚣战争的话，那我们立即扶宋钦宗登基称帝。

事实上这是一盘双方心知肚明的棋局，如果金国将宋钦宗扶植起来，就意味着南宋帝国的彻底分裂。原因很简单：你宋高宗不是一个皇帝吗，这又来一个皇帝，而且他还是你这个皇帝的大哥呢。要知道在任何一个皇帝统治下，都会有很多不得志的军人，一旦宋钦宗称帝，就会有大批不得志的军人投奔过去，跟南宋抗衡。

当时最优秀的军事天才岳飞会投奔哪一方，就成了宋高宗必须考虑的问题。他观察岳飞，多次试探岳飞。试探观察的结果是，岳飞一定要迎回二圣。这就明摆着了：你岳飞要出兵迎回二圣，一旦这二圣回来了，你肯定会投奔过去，不会站在我宋高宗这边，所以我就不能留着你。岳飞是一个优秀的军事家，但他不是阴谋家，他做梦也想不到这里面还有这么一个变招。中国老百姓更想不到这个变招。为什么想不到？因为我们对政治斗争的隔膜，我们光知道政治斗争是残酷的、是你死我活的，但到底怎么个残酷法、到底怎么个你死我活法，我们不清楚。现在，我们看一下康熙皇帝——因为他就是一个最活生生的权谋斗争的教材，他可以告诉"天真"的中国人，什么叫权力政治，什么就叫万恶与肮脏。

说起康熙，无论是图书还是电视剧，都对康熙如何英明神武铲除鳌拜津津乐道。而在实际历史上，真实的情况是怎么样呢？

坏的椅子不要乱坐

铲除鳌拜并不是康熙策划的，而是孝庄策划的。

事实上康熙八岁登基，到他十六岁铲除鳌拜的时候，康熙是没有这种自主能力的。他做不出来，他也不敢做。在铲除鳌拜之前，孝庄把康熙叫去，进行了一夜谈话，第二天就布置了一个险恶的圈套。

什么圈套呢？请鳌拜来议事。在把鳌拜请来的时候，孝庄精心地制造了一门暗器——一张古怪的椅子。孝庄皇后把一张好椅子的腿锯断，然后再对上，这么一张椅子，假如直上直下地坐着，椅子是很平稳的，但是身体稍微一歪，椅子就会倒，人也跟着摔地下了。这张被做过手脚的椅子，就放在了屋子正中。接着康熙又把一个茶杯放在火里边烧，烧了很长时间，茶杯变得炽热烫手。

等鳌拜进来的时候，康熙先请鳌拜坐。因为鳌拜自恃是顾命老臣，所以就大大咧咧地坐在屋子正中的那把椅子上了。这时候小太监给上茶，鳌拜伸手一拿茶杯，就被这个在火里烧过的茶杯烫得满手起泡，鳌拜疼得条件反射地把茶杯给扔地上了。康熙装着什么也不知道的样子，看着鳌拜，表现出很诧异的样子。而鳌拜也没有想到茶杯是被在火中烧过的，只觉得自己的神经好像突然不听使唤，在皇帝面前摔了茶杯，于是就本能地去弯腰拣茶杯。这一弯腰，他屁股底下那把特制椅的腿就断了，鳌拜整个人也趴到了地下。就在此时，冲出了一群太监，上前就把鳌拜摁住，绑了起来。

这是康熙铲除鳌拜的全部历史场景，也是康熙执政的第一项政治功绩。在清史和其他所有史书上，都这么写着：康熙少年英明神武，铲除了权臣老鳌拜。

但是所有的史书都回避了这个情况：鳌拜被关在家里，悄无声息地郁闷死了，十几年后，鳌拜的儿子全都出来做官了，到了雍正时代，就已经给鳌拜平反了，恢复了名誉，还给了鳌拜一个新的封号，叫超武公。在中国历史上，只有两个人获得过这最高的武将赐号，一个是岳飞，另一个就是鳌拜。换句话说，我们可以理解成雍正想通过这件事告诉我们，鳌拜是比岳飞还要冤的一个人。

那么如果他冤，康熙为什么铲除他呢？后来雍正为什么又给他平反，赐予他跟岳飞同等的赐号呢？还有，为什么我们的史书都回避这个问题呢？

要解答这几个问题，我们不妨先以康熙与鳌拜为对手，来看看当时历

史的全景是什么样子的。

杀不了的鳌拜

首先说说鳌拜是一个什么样的人。

他是顺治皇帝的父亲皇太极的最忠诚的家将，也是康熙最忠诚的家将。前面讲到，多尔衮在争夺皇位的时候，他的对手是豪格，而豪格的身边有一个人拔刀对多尔衮怒斥，这个人就是鳌拜。鳌拜为了维护他主子家的尊严和荣誉，曾不惜牺牲自己的性命。可正是因为如此，他才引起了多尔衮的记恨。除此之外，鳌拜堪称天下第一猛将，在进入北京城的时候，他曾经一箭射在城楼上，后来七八个侍卫去拔那支箭都拔不下来，可谓力大如牛。

而且鳌拜战功赫赫，到什么程度了呢？明末不仅有李自成起义，还有张献忠起义，当李自成进入北京的时候，张献忠进入了四川。张献忠进入四川后，血屠四川，把四川人几乎杀光。杀光了老百姓之后，张献忠又玩了个绝活，竟命令部队自相残杀。所以当清朝军队入关，进入四川之后，要想恢复四川的秩序时，首先就要除掉张献忠。进川歼灭张献忠的人正是鳌拜跟豪格。

鳌拜跟豪格到了四川之后，得到了原张献忠手下将领刘进忠的支持，他引着豪格和鳌拜在小路上伏兵杀掉了张献忠，进而消灭了张献忠的残余部队。

平定了四川，豪格和鳌拜就兴冲冲地得胜回朝了，行至卢沟桥，前面来了一队侍卫，当场把豪格拿下，将他拘禁了起来。然后通知了豪格一个"好"消息：你的小福晋，也就是你最美的姨太太，现在已被多尔衮占用了，你有什么意见没有？豪格就被此事活活气死了。

这是多尔衮在铲除他的仇人皇太极一家，先杀豪格，下一个就是鳌拜。

多尔衮随意捏造了一个罪名，就将鳌拜抓起来，直接押赴刑场。当时孝庄太后虽然得知了这个消息，但她知道自己劝说没有用。尽管她跟多尔衮关系非常好，但却很难阻止多尔衮做这一件事。只有一个人能保住鳌拜的命，谁呢？顺治皇帝。

于是，在孝庄皇太后的安排下，顺治小皇帝冲出宫，跑到多尔衮身边抱着他的大腿替鳌拜求情。在公共场合，皇帝来公开求情，再杀就不好意思了，于是多尔衮当场就放了鳌拜。这是多尔衮的一杀鳌拜。

可是顺治还没回宫，一转身多尔衮又把鳌拜抓起来，还要杀。因为多尔衮知道，只要鳌拜在，那么皇太极的势力，孝庄的势力，还有顺治的势力，也就是未来康熙的势力，就牢不可破，因此必须要除掉这个人。

最后还是顺治皇帝出面，继续苦苦哀求，又把这个鳌拜给救下来了。这是多尔衮二杀鳌拜。

可是多尔衮回去之后，左思右想还是觉得不行，鳌拜这个人留着，将来自己肯定会死无葬身之地，所以还是要杀掉鳌拜。于是又编个罪名，第三次将鳌拜抓起来，要杀他。于是顺治皇帝不得不第三次出宫求情，救下了鳌拜。

这就是历史上有名的三杀鳌拜。

在小顺治三次努力下，总算保住了鳌拜的性命。峰回路转，不久多尔

衮提前病死了。如果多尔衮不死，那么鳌拜必死无疑。多尔衮的死亡，则解除了顺治一家的危险警报，从此权力归附顺治一家就已无可争议了。

有病才当皇帝呢

上一回已经说过，这顺治皇帝活得不开心，活得郁闷。在他六岁什么都不懂的时候，就被人抱到龙椅上，他做的一切决定都不是自己做主的，而是孝庄做出，然后让他说出来。他其实就是个演员，台词不能由自己写。后来长大后他不愿意，也不想过这种日子，他要追求自由，要放飞自己的心灵。他怎么追求呢？也没有别的办法，他只能在爱情上追求一点点自由和个性。

他勇敢地向他兄弟的媳妇求爱了。也就是说，历史上有名的董鄂妃本来是他弟弟的一个媳妇，他非要抢过来。至于他为什么要抢过来呢？理由说穿了很搞笑，也很可悲，那就是：他总要干件事。因为作为一个皇帝，治理国家的事情都让别人干了，现在也就这件事能闹闹。

他把董鄂妃抢过来之后，董鄂妃很快生了个孩子，可那个孩子莫名其妙就死了。不久，董鄂妃也莫名其妙地死了。在这一系列莫名其妙之中，隐藏了宫中的重重杀机，没人知道详情究竟如何。我们所确信的是，顺治皇帝是一个不自由的、被监视的人。

就在这种郁闷状态之下，顺治皇帝年纪轻轻便撒手西去，一命呜呼了。

顺治皇帝死了之后，孝庄皇太后找来了一个德国传教士汤若望，询问他：顺治皇帝死了，他生的第一孩子是个死胎，第二个孩子叫福全，是老

大，还有一个孩子，一生下来就得了天花，眼看要死了，就被扔庙里不要
了，可是有一个苏麻喇姑看不过去，就到庙里养育这个孩子，没想到这个
小东西居然养活了，你说让他俩谁做皇帝合适呢？

汤若望就说：当然是庙里养活的那个麻子脸了，他生过天花了，有了
抗体了。他从前没有死，以后也不会那么容易死了。所以他的寿命足够长，
可以保证帝国权力的稳固。

孝庄皇太后觉得对，于是就听从这个传教士的建议了。

我们或许可以把这件事看成是帝国主义列强对大清国内政的粗暴干涉。
在这种干涉下，康熙小皇帝八岁就登基了，而他的大哥福全，却因为没得
天花不幸落选。

康熙不是明君

康熙登基做皇帝是有所谓的四大辅臣的。为什么说"所谓的"呢？因
为四大辅臣是孝庄皇太后宣布的，她说顺治死之前说的。可是顺治到底说
没说过，只有老天爷才知道。但是孝庄这么说，谁也不能跟她抬杠啊，只
能当成是顺治的遗嘱了。

辅助康熙的是哪四大领导班子呢？第一个是主掌内务府的索尼，他主
管内部事务，用现在的话讲他就是国安局局长。第二个是多尔衮势力的代
表人物苏克萨哈。为什么会要让多尔衮势力的代表人物进来？为了权力的
平衡。因为清朝有八旗，每一旗必须有一个代表人物在领导班子里，如果
没有那几旗人马就会闹事，八旗就会分裂，搞不好帝国就会崩摧，所以一

定要有苏克萨哈进来。而他既然是多尔衮势力的代表人物，那么他必然跟康熙他们家形成天然的冲突，所以康熙家必须要有一个人在这个班子里维护其利益，这个人就是老臣鳌拜。除了这三人之外，还有一个凑数的遏必隆。这样一来，八旗都有代表人物在领导班子里面。

在这四个老头里，索尼是与世无争的，只管国家安全，别的事他不管，也不多说话；遏必隆也是这个态度。最难熬的是鳌拜跟苏克萨哈两人，为什么？他俩一个代表皇太极家的势力，一个代表多尔衮的势力，他俩必然会有冲突。所以这两个老头坐在一起郁闷呢。两人就商量说：咱俩可千万不能有冲突，尽管咱俩代表的势力不同，可是为了国家的安全，咱们一定要搞好关系，这么着，咱们联姻吧。

于是鳌拜儿子就娶苏克萨哈的女儿，两家成了亲家。可是他们两个人的努力，被历史证明是无效的。为什么？他们背后不是一个人，而是都代表其背后的势力集团。这些势力集团的所有权力诉求和政治诉求，必须通过他俩体现出来。最后，两个人还是形成了你死我活的政治冲突。

在这个冲突的过程中，小康熙皇帝坐龙椅上笑嘻嘻地看着，也不管，一直到鳌拜要把苏克萨哈抓起来关到监狱里。这时，康熙出来了，他决定要表现出自己的英明神武，把自己扮演成明君、仁慈之君。

鳌拜心里是很清楚的，皇帝要演红脸，我鳌拜则要演白脸，一起配合着把这一出戏演好，绝对不能给别人以可趁之机。就这样，鳌拜和康熙一唱一和，由鳌拜来扮这个恶人，把这些人全得罪光，然后康熙登场做明君。

到了康熙十六岁这一年，鳌拜的政治价值就已经利用尽了。这时正是考验一个政治家良知的时候，即考验康熙究竟是一个人，还是一头权力动物。此时的康熙只是一个十六岁的孩子，他还无法做出选择。而太皇太后孝庄，她却是一头地地道道的雌性权力动物。她提出来无论如何要铲除鳌拜。理由是什么？鳌拜太忠诚。因为你忠诚才能打掉你，你不忠诚你早跑了，上哪儿打你去。

这里面隐藏着一个帝王的权力秘密：如果你想事业小有所成，那么你需要朋友；如果你想事业大有所成，那么你需要敌人。

可是康熙是皇帝，谁敢做他的敌人？在这种情况下，没有敌人，就要制造敌人。之所以选择鳌拜，就因为他是最趁手的敌人：他没有防备，他忠心，铲除他，他也不敢有任何怨言，他也明白这个政治游戏、这个规则的万恶之处。

就是在这种规则之下，康熙做出了一个丧尽天良的勾当：把鳌拜铲除掉了。

现在回顾这段历史时，所有的史书都在讴歌康熙是如何英明果敢地打掉鳌拜的，它们为何回避这是一起冤狱呢？为什么不肯把真相大白于天下呢？这是因为，它和岳飞冤死之案一样，它们不希望世人知道这些帝王的真相，试图传达给世人一个明君的形象。告诉你皇帝是好人，所以继续磕头吧。

但其实这是一个险恶的帝王游戏：制造敌人并铲除他，然后显示自己的赫赫武功。在康熙的政绩簿上，擒鳌拜是第一项，而这第一项就是一桩冤案。

从这桩冤案开始，康熙逐渐形成了险恶的人格，走上了一条做一个坏人的不归之路。怎么样的坏人呢？他处心积虑地要害别人，因为他是皇帝，

他想害你就可以给你裁个罪名，然后他又添了一笔历史功绩，你是没地儿讲理去的。

吴三桂，帝王权力的牺牲品

　　如果说铲除鳌拜是康熙的第一次权谋试水的话，那么吴三桂就是第二个牺牲品。前面已经叙述了吴三桂引清军入关的一系列事件，除此之外，吴三桂还替清朝平定了南明王朝，所以他被封在云南，坐镇天南，手握雄兵。而到康熙执政的时候，吴三桂已经六十岁了。六十岁老头可以退休抱孙子了，他已经不可能有任何政治野心，也不可能有任何军事图谋。但正是因为你吴三桂没有这些野心和图谋，康熙才要对你下手，你有的话康熙早跑了。

　　康熙的这种帝王智慧，是相当肮脏的，只欺负善良人、老实人。当时康熙对吴三桂是处处刁难，收缴他的大将军印，强迫他离开云南去辽东居住。康熙搞这一系列花样，吴三桂最后的结果必然是躲无可躲，被他杀掉。万般无奈之下，终于爆发了吴三桂的起兵反清。

　　在这个事件中，其实透着吴三桂的性格悲剧。纵观吴三桂的一生，他统兵百万，征伐不断，但是从来没有屠城的记录，他不杀老百姓。正是因为他没有这样做，所以才被康熙盯上。因为你善良，你善良你就以为别人也善良，可是你错了，你身处在权力斗争的漩涡中，随时有一个更险恶的政治权力在盯着你。

　　吴三桂不幸沦为这个政治权力的牺牲品，当杀人的刀子奔他去的时候，他已经躲无可躲了，只能被迫起兵。吴三桂的叛乱是清史康熙朝的一件大事，这次叛乱基本上彻底搅乱了康熙的天下。实事求是地说，在军事实力的对峙上，康熙是不成熟的，不是吴三桂的对手。但是康熙有年龄优势，他年轻着呢。康熙之所以选择吴三桂做对手，也是精心算过他的年龄的——我算算你还能活几天，估计你活不了几天了，那我就这几天欺负你，把你打成坏蛋；你反抗了正好可以指责你是坏蛋，你不是坏蛋你反抗什么？等到你反抗的时候，我出动兵马把你活活地耗死。

吴三桂等人起兵，史称三藩之乱。在这三藩之乱中，靖南王耿精忠，平南王尚可喜，再加上台湾的郑经，以及包括朝鲜等各方面势力，都在配合吴三桂。最支持吴三桂的是大雪山的达赖，因为达赖到北京城参见皇帝的时候与吴三桂见过面，达赖最欣赏的就是吴三桂。一身武学的军人，没有丝毫的坏心眼，对老百姓是爱民如子，这样的人佛家喜欢。

可佛家喜欢康熙不喜欢。在康、吴双方军事对峙的过程中，达赖前后给康熙写过几封信，要求康熙放弃跟吴三桂对抗的立场。可康熙怎么会放弃？他和吴三桂已经大战起来了，已经形成军事对峙了。

就在双方对峙的过程中，康熙再次暴露了他的一个性格。什么性格呢？

黑色的康熙，黑色的历史

笔记小说中有这么一段记载：一次，康熙带了一帮皇后妃子宫女，在水池子边钓王八。突然一个王八咬着钩，正拉线准备钓上来的时候，发现这王八张嘴一吐，把钩吐出来跑了。其中一个妃子是个年轻小女孩，非常

高兴地拍手说："王八跑了。"这时候皇后就回头冲着康熙笑了一笑。康熙心里就多想了：她为什么冲我笑？她笑我是王八吗？于是，从那以后就开始冷落皇后。这说明康熙是极度敏感的。

康熙当了一辈子皇帝，可以说是要风得风，要雨得雨。到了晚年，他有一大堆儿子，什么大阿哥、二阿哥，总之是一大堆。最早的时候，康熙是打算让大阿哥继位的，立了他为太子。可是谁也没想到康熙寿命太长了，他在皇位上一坐就是六十年。谁能等六十年？所以在这六十年漫长的等待中，众皇子们全都长大了，开始争权夺利。因此，康熙就需要解决继承人的问题。

于是有一天，康熙召集大家开会，说：朕迟早也要离开这个世界的，我们现在就先把未来的接班人定下来吧，你们大家看看谁合适。结果大臣们和很多阿哥，都一致推举八皇子。

当时康熙就毛了：原来就在我这么一疏神的时候，老八已经形成了自己的政治势力。

大家都知道历史上有一句话叫君无戏言，但这句话对康熙是不奏效的，可以说，康熙说的每一句话都是戏言。众大臣推举八皇子的结果是：八皇子被圈禁，其支持者也被圈禁。有的大臣死得非常惨，比方说马奇，他被六枚大铁钉活活钉死在狱里。

同样的事例还有一桩，就在吴三桂死后，康熙向吴三桂手下的将士发出了招降令，任何人，只要投降，则既往不咎。

这话已经明白得不能再明白了，皇帝的话谁还能怀疑？于是吴三桂的部将纷纷投降。可是投降的结果是什么？叛军头头们被拉到闹市上千刀万剐，妻子女儿被送入妓院，而追随吴三桂的二十万将士，则悉数被流放西伯利亚。

可以说，康熙皇帝这一辈子，过着说了不算、出尔反尔的愉快生活。正是因为他说了不算，才没法跟他斗，因为你永远无法确定他说的是真是假。

这就是历史，但它不是民众心目中的史实解读。

民众心目中的解读是这样的：康熙是一个英明神武的皇帝，鳌拜是一个奸臣，吴三桂那更是一个大汉奸。

当这三个定语记录于历史，康熙的政治定位确定之后，整个历史就没有了，剩下来的只有空洞的政治符号。

但是通过康熙与鳌拜、康熙与吴三桂这一系列的争斗，可以告诉我们这样一个规律：人或人性，是没有是非善恶的，导致人性趋于恶的只有一样东西——权力。

试想一下，如果康熙不是为了权力，那么他对鳌拜绝对做不出来如此丧心病狂的举动，对自己家的老管家，对自己忠心耿耿的人，下这种毒手。可是因为有了权力的诱惑，他就下得了手，而且下手的时候没有丝毫愧疚。

用现在的话说，当初铲除你这个反动集团是正确的，现在给你平反也是正确的，横竖你倒霉。

这种政治观念错在什么地方？就是它不把人当人看，也不把自己当人看，它把每个人简化成一个符号，而不是一个有知觉的人。

我们解读这段历史，回顾这段历史，所要说的就是这样一个规律：只有过滤了权力，才能得到对我们有益的社会规则和有益于我们人性向善的方面发展的趋势。

第六回

叔侄之战

曹雪芹VS雍正

　　曹雪芹对雍正这样一对对手想必会引起读者的巨大疑问，曹雪芹跟雍正难道还有一腿吗？答案却是肯定的，他们不止有一腿，还有好几腿。那么，曹雪芹和雍正这对看上去风马牛不相及的对手会有何种隐秘的关系呢？他们之间又发生了哪些让人意料不到的故事呢？

大 清 擂 台 上 的 权 力 游 戏

大清帝国的第六对对手是曹雪芹对雍正。看到这个标题，兴许有人会问：曹雪芹跟雍正他俩还有一腿吗？答复是有，而且还不止一腿，有好几腿。

曹家的故事

首先让我们把时间追溯到大清帝国的龙兴之战期间，即努尔哈赤时代。在努尔哈赤崛起的时候，他兵攻沈阳，顺利拿下了沈阳城，在沈阳城里，他发现了一个读书人，带着一个年轻力壮的小伙子，小伙子怀里还抱着一个孩子。当时努尔哈赤就乐了，大手挥挥说：你过来，你叫什么名字？干什么的？那位读书人回答：我叫曹世选，祖祖辈辈居住在沈阳城，以读书为业。努尔哈赤一听，说：太好了，我最喜欢的就是读书人，从今天开始，你们就是我的奴才了。曹世选一听就笑了：有没有搞错，我们独立知识分子，头可断，膝不可弯，想让我给你做奴才，做梦去吧。努尔哈赤一听：好，这脾气硬，我喜欢，给我来人，把他的小孙子给我拖出来碾碎了。曹世选急忙拦住：别别别，你不就是想让我给你做奴才吗？为了孙子，我豁出去了，我管你叫声主子。就这样，努尔哈赤就得到了一个学者奴隶，或

者称学者奴才。

曹世选在努尔哈赤身边，一生没有什么事迹可以记载的，但到了他的儿子曹振彦这一代，清史上有一句话中提到，说曹振彦立有战功，赐予半个前程。什么战功呢？原来是曹振彦跟随多尔衮出征，在遭遇了极度危险的情况下，保护着多尔衮安全返回营中。据红学家们闭门造车、胡乱研究的结果表明，这一段历史实际上就是曹雪芹写的《红楼梦》中的贾府的焦大骂人的那段。《红楼梦》里是怎么说的呢？这个焦大只是贾府的一个奴才，可是他有资格在贾府里随便骂人。为什么？因为贾府的老太爷早年征战的时候，是焦大把他从死人堆里背回来，沿途没有水喝，焦大渴了自己喝马尿。因为他有一段喝马尿的历史，所以他就获得了在贾府里胡言乱语的权利。

曹振彦跟努尔哈赤很可能也就是这么一个过程，但详情究竟如何我们也不得而知。只知道曹振彦为努尔哈赤立下了汗马功劳，而军功是清朝最为重视的，能够写入正史中这就很难得了。

眨眼工夫，又到了曹家的第三代人。第三代人是谁？是曹玺，也就是曹世选被努尔哈赤俘虏的时候，小伙子怀里抱的那个小孩子。当曹玺出世的时候，他的地位就不同一般了。曹家已经三代人效忠爱新觉罗家族，成了爱新觉罗氏再放心不过和非常器重的奴才。要知道，在清朝，不是人人都有资格称奴才的。

在满人的系统中，称奴才的都是自己人，汉人大臣没资格称奴才，只能称臣，臣要比奴才低一个等级。而曹家到了曹玺这一代人，已经成为了爱新觉罗家族再放心不过的奴才。当时曹玺是担任什么工作呢？他是工部的员外郎，用现在的话说相当于基建工程部的部长，他的任务就是修复皇宫。李自成当初在撤离北京的时候，开炮轰城，在皇宫里放了一把火，把很多宫殿都烧毁了，而曹玺的工作是要重建这些宫殿。

就在曹玺组织修工队修复皇宫的时候，有一天顺治皇帝找来了，对他说：小曹你过来，我问问你，你结婚了没有？曹玺说：主子你看，我每天工作这么忙，没工夫想这事呢。顺治说：这么着吧，我给你当媒人，给你介绍一个老婆怎么样？曹玺就问：你要给我介绍谁？顺治说：你看我儿子的奶母怎么样？当时曹玺说：不行不行，你说的不是扔到庙里生麻子那个小东西吧，他的奶母不是苏麻喇姑吗？老太太了，我不答应。顺治骂道：你什么脑子？我怎么可能给你介绍老太太，我给你介绍的是他的奶母孙氏，正年轻呢。

历史上没有太多关于孙氏的记录，但她既然是做了奶母了，应该不是个姑娘了。具体细节今人不得而知，总而言之是，曹玺就娶了这个孙氏，她是康熙的奶母。

一眨眼工夫，曹玺跟孙氏生了一个孩子，这个孩子是谁？他叫曹寅，是曹家非常聪明的一个孩子。当康熙从庙里被接回皇宫，接受儒学教师教导的时候，需要几个陪读的小孩。这些小孩必须绝顶聪明，而且情商非常高，能保住康熙帝王的面子。曹寅被选中了。可以确信，就在康熙丧心病狂地设计阴谋、铲除鳌拜的过程中，曹寅没有起到阻止作用，或者说他是参与事态进程的一员。事发之后，曹寅被派到了江南，主管江南织造局，用现在的话来讲，他相当于掌管了南方的全部轻工业的税收，而他收上来的钱，又不必进入国库，而是专门用来供康熙游玩。换句话说，这钱就是曹寅自己家的，想怎么花怎么花。所以曹家很快富甲天下。

不久，曹寅也有了孩子，他的孩子叫曹颙。曹家的历史在这一刻变得模糊了起来。有史学家断定，曹颙的妻子是有来头的，但不清楚来头是啥。有种观点认为，曹颙有一年进宫去见康熙皇帝，康熙皇帝见了他很高兴，说你这小伙子长得不错，有媳妇儿没有？没有的话，我把我的第十六个女儿马乔公主嫁给你。这一段历史到底确信与否，目前还没有定论，但我们可以确信是，在这个问题上红学家们又够研究和争论一阵子了。有人说曹寅娶的是马乔公主，有人说不是。

按照说是的这一派的说辞，后面还发生了很多事。什么事情呢？他们认为，假如曹颙跟马乔公主生下来一个孩子，那么这个孩子就是曹雪芹。

一部《红楼梦》，多少儿女情。如果曹雪芹是一个具有皇家血统、富甲天下的贵公子的话，干嘛要写《红楼梦》呢？是什么原因导致了他这种写作冲动和创作灵感的爆发？可以说，促成曹雪芹走向了文学之路的是雍正皇帝。

雍正皇帝是康熙的儿子，他登基后不久，就对江南的曹家进行了一次罚俸。什么叫罚俸呢？即罚你家交多少银子出来。没有理由，说白了就是看你不顺眼。罚了第一次，曹家只损失了点零碎，凑一凑就够了。雍正一看，曹家还有钱，于是便责令第二次罚俸。这第二次罚俸曹家又很快凑齐给他了。

曹家的家业太大了，有的是钱。后来雍正干了一件缺德事——抄家。有资料表明，在他对江南的曹家抄家之后，来了一个女人，进宫就连摔带砸，指着雍正的名字骂，而雍正呢，则立即躲起来，不让这个女人找到。等这个女人走后，雍正出来了，问：刚才那个女人是谁？大伙儿告诉他：

她是你的妹妹马乔公主。雍正说：这马乔公主她干嘛骂我？身边人告诉他：因为查抄江南曹家，把马乔公主的家底也抄了，按照大清国的律例，是不能查抄公主的私产的。

在清朝，如果驸马谋反了，可以把驸马的家产抄掉，甚至把驸马杀掉，可是公主的财产不能抄。为什么？总不能让皇帝家的女儿去要饭吧，这成何体统！可雍正却连这事都干出来了。

马乔公主的私产是否得以奉还，不得而知。但是，帮助曹雪芹打理家业的他的叔叔就倒了大霉了，查清史可以发现他的叔叔被两次罚戴大铁枷，罪名则没有，理由也没有，纯粹就是看你不顺眼。

朕是天底下最好的人

看你不顺眼就给你戴上大铁枷，这折射出雍正皇帝一个鲜明的管理风格。用一句话来形容雍正的话，他就是一台贪官制造机器。雍正曾制定了一项政策，被二月河等作家热烈吹捧，阎崇年等人更是不断讴歌，他的这个政策叫耗羡归公。

大清帝国立国以来，官员的薪水是非常微薄的，根本不够养家，而且一个官员还要有幕僚、师爷等人，这些人的薪俸也都是官员自己付钱。那么官员的这些钱从哪儿来？只能靠收取贿赂。所以当时清朝送礼，有各种名称，有叫炭敬，有叫冰敬。天热了，给你送一份礼，这叫冰敬；天冷了，给你送份礼，这叫炭敬。官员们就凭着这些送的礼补给薪水，这就是受贿，它已经制度化了。雍正登基之后，对此深表不满。于是他想出来一个

非常奇怪的主意：他先划了一条线，他认为一个知县每年大概能收到五万两银子，一个知府每年大概能收到十万两银子，一个巡抚每年大概能收到二十万两银子。那么就规定：知县每年要向朝廷缴纳五万两银子，州官每年要缴纳十万两银子，巡抚每年要缴纳二十万两银子。这个政策合理不合理呢？别忘了世上还有傻官、不会捞的官，包括清官。如果你恰好是清官，你没有银子上交，怎么办呢？太简单了，就拿你当贪官铲除掉。所以如果你足够聪明，就去老百姓那儿搜刮。假如你是个县官，从老百姓那儿抢十万两，你上交五万两，自己还剩五万两。

所以，雍正的这个政策是地地道道的逼官为匪的政策，他把国家的官员当成了小土匪，而官员们也都以一个土匪的标准严格要求自己，这使得雍正时期国库中的存银数量翻了几十倍；正是因为翻了几十倍，雍正才被史学家热情讴歌，认为他治理国家有方。可是从老百姓那儿抢钱也算好事？这类史学家脑子糊涂至极。

雍正对曹家的罚俸和抄家，把曹雪芹逼上了文学创作之路。为什么会出现这种情况？这跟雍正他是一个什么样的人有关。说起雍正的为人，看得最准确的大概就是他的儿子，未来的乾隆皇帝。乾隆皇帝倒没说过什么话，但是很显然，在史书上，雍正皇帝是以一个圣徒的身份出现的，也就是说，他认为自己是个好人。好到什么程度呢？雍正走路的时候，会注意不踩到人影，如果地上有蚂蚁，他会小心地绕过去。他是一个圣徒般的苦行僧，对自己要求非常严，兢兢业业地守在御桌前，不停地批阅奏章，后宫那么多美女他都装作看不见。

但雍正是一个自我人格的人，他的认知是从自我出发的，他认为自己是个好人，但实际上不是。世界上最可怕的就是坏人自认为是好人，尤其是像雍正这样位高权重、掌握了最高权力的人。后来爆发的著名的曾静谋反案，就是与他的这种人格有关。

话说雍正登基本身就是一个谜，当时他是四阿哥，前面有大阿哥、二阿哥、三阿哥，后面竞争力强的还有五阿哥，八阿哥，等等。这么多阿哥都没争过他，反倒是雍正登了基，所以众阿哥们都不服。据一个传教士的记载，就在雍正登基的当天，众位阿哥一起喧闹了起来，认为雍正的登基诏书是假的，是雍正伪造的。

雍正登基之后，他对江南曹家是罚俸，那么他对他的亲兄弟如何呢？八阿哥被永久圈禁改名叫猪，九阿哥被永久圈禁改名叫狗，他们的家人全部流放，最惨的是八阿哥的福晋。雍正登基之后，给八阿哥封了个王，派去宣旨的人要求贺喜，这个福晋对此不屑一顾，说了句"将来还不知道死在什么地方"之类的话，雍正因此对这个女人痛恨入骨。后来他便采取了报复措施，他把这个女人杀死之后，用锉子把尸体锉成粉末、烧成灰扬掉。他心里的怨毒以致如此，就因为他认为自己是个好人——这种认知的人最容易犯下人神共愤的恶行。

在八阿哥、九阿哥被圈禁之后，他们所有的家人全部被流放广西，这时候发生了一件非常有意思的事。在流放途中，这一大帮人没有被分开，而是一起走的，每天一帮人都唧唧喳喳，越说越叨咕，最后发展到这帮人每到一地，便要找个高台上去嚷嚷：父老乡亲们，你们都过来，我们跟你们说，现在登基的雍正不是个好东西，他毒死了他的父亲，逼死了他的母亲，杀死了他的亲哥，害死了他的亲弟。而且这帮人还给雍正列了七大罪。

这件事嚷得是天下尽人皆知，只有雍正不知道，因为没人敢告诉他。雍正坐在金銮殿里还是很自满，认为自己是个好人，一点也不知道他已被天下人视为了邪恶之徒。

史上最搞笑的谋反案

然而事情总有暴露的那一天。话说有一天，一名广西客商来到了湖南一个地方，他遇到了一位叫曾静的老书生。老书生曾静在路边摆个茶摊，客人来了就坐在一起聊聊天。曾静问客商：你有没有什么最新消息可以告诉我的？客商说：有，我告诉你吧，现在北京城里出了乱子了，新登基的皇帝，他可不是一个好东西，他把他爹给毒死了，他娘是被他逼死的，他还杀兄杀弟、酗酒、贪财、好色，总之有七大罪恶。

曾静听了之后，悲愤在心，心想：这世道简直太不公了，这样的人怎么能当皇帝呢？我们读书人以天下为己任，我一定要推翻这个皇帝。可是他这样一个书生，手无缚鸡之力，怎么推翻雍正呢？

后来他打听到这样一则消息，岳飞的二十七世孙子岳钟琪，刚刚平定了大雪山之乱，是一颗冉冉升起的大清帝国将星，手握兵权。其实这个岳钟琪在雍正朝里面，只是一员战将而已。但曾静获得的资讯，已经完全走样扭曲。扭曲到什么程度呢？别人是这样告诉曾静的：岳钟琪是岳飞的二十七世孙子，岳飞一辈子打的就是金兵，可是现在呢，坐了金銮殿的昏君，正是金兀术、哈密赤的后代，昏君很想杀掉岳钟琪，几次传圣旨想把岳钟琪骗入京中杀掉，结果都被岳钟琪躲过了。可是这样发展下去，忠良终究会被昏君所害，后果不堪设想。

曾静一听，说：这个事我来解决。然后曾静就找来了他的学生张熙，对他说：为师教你圣人之学，正是为了拯国救民，现在是我们读书人为国家出力的时候了。你现在马上出发，去甘肃找岳将军，说服他立即起兵，逐走哈密赤、金兀术这些人的后代。

于是张熙就把自己的房子全部卖掉，徒步去了甘肃，还真的找到了岳钟琪。当时岳钟琪看到这么一个怪人，拿着这么一封怪信，脑袋就炸了——这真是躺着也中枪，我好端端地在这儿统兵带将的，竟然来了一个劝我造反的。

岳钟琪被吓得不轻，只能如实地给雍正皇帝写奏章，把这件事情报上去，另一方面则把张熙抓了起来，严刑拷打，问他到底怎么回事。这中间实际上有一个认知的隔膜，即张熙跟曾静这两个人对权力的看法，对岳钟琪和雍正之间的关系，在认知上是一片模糊的，跟现实不符，所以双方之间的"沟通"是非常艰难的。

而雍正接报之后，也是紧张万分，立即吩咐岳钟琪，无论如何要套出对方的底细，弄清楚到底有多少人在反对他。岳钟琪接到圣旨之后，就假装把张熙释放，然后悄悄对他说：我之所以对你严刑拷打，是因为京城的昏君，不断地派人来试探我，所以我怀疑你又是他派来的，但经过严刑拷打之后，我现在可以确定你不是奸细，我们俩就可以合谋做一番事业了。张熙一激动，说：既然如此，那我就给你交底吧，我是我老师曾静派来的。就这样，张熙就把事情的来龙去脉全都告诉了岳钟琪。岳钟琪马上把这个情况就报告上去了，而这个报告则引发了清朝历史上的第一次大辩论。

清朝历史上的第一次大辩论

雍正接到报告之后，终于知道自己在世人心中的形象被描述得如此恶劣、如此不堪，他非常愤怒，所以决定把曾静带到朝廷上来，要跟曾静面对面地理论一番。他无法容忍别人将他描述成一个坏人，因此一定要说服曾静，证明自己是一个好人。

结果很出人意料，当曾静被拉到朝堂的时候，他已经被打得六神无主了，而且已经彻底地丧失了自我意识，见面除了磕头、嚎叫之外，没有别的能力了。雍正很顺利地取得了这次庭辩的伟大胜利。

雍正跟曾静辩论的主题是：到底谁适合做皇帝？曾静的说法是：皇帝应该由读书人来做，由知识分子来做，怎么能由皇帝家世代相传呢？如果不管能力如何，只要是皇帝家族里的，都能坐上帝皇之位，这是对天下人的戏弄。所以应该选出最优秀的人来当皇帝。

雍正则是就要证明：皇帝就应该是我做的，就不应该是你做。他的论证方式也很简单，两顿廷杖下去，曾静就老实了，认输了。

曾静认输了之后，雍正又干了一件非常离奇的事。他命令满朝文武所有的人都排队去审讯曾静，每个人都要审一遍。雍正为什么要这么做呢？因为在他的意识中，他是个好人，曾静反对他，所以曾静就是个坏人，他要让每个人都认识到这个坏人有多坏。当时朝廷一片混乱，所有人都排队去当审讯官。曾静被这几百名官员审过，脑子已经完全一片空白，意识都完全机械化了。

之后雍正又干了一件叫人跌破眼镜的怪事，他给了曾静、张玺一个锣一个鼓，组织了一个班子，用现在的话叫巡回讲演团。让这两人走街串巷敲锣打鼓，到了一地儿之后，往高了一站，讲演道：各位乡亲都来瞧，我是天底下第一大坏蛋，我竟然攻击英明的圣上，当今圣上是好人，是没有缺点的。

在这两人后头是有一队官兵跟随着的，他们每天的开销、伙食，都由国家统一来安排，因此游走天下、巡回演讲达两年之久。

最后雍正还专门把这些事件编了一本书，叫《大义觉迷录》，广为印刷散发，告诉世人：我雍正不是坏人，是个好人。

本来很多人都不知道一些秘闻，但看了《大义觉迷录》之后，才了解原来是这么回事。比如有一个精彩的段子：雍正登基的圣旨，上面原本是"传位十四子"，但被雍正加了一横，变成了"传位于四子"。这个段子其实就是雍正自己说出来，告诉天底下老百姓的。《大义觉迷录》实际上是他自己兜自己的底，所以后来乾隆才下令焚禁此书。

血滴子传奇与神秘的雍正

为什么雍正会干出这种事呢？归根结底，还是因为他的认知是有障碍的，他骨子里坚定不移地认为自己是个好人，这导致了他在做一切坏事的时候，都会理直气壮地给别人脸上贴一个坏人的标签。比方说对曹家罚俸这件事，是没有理由也没有罪名的，可雍正的看法不是这样的，他认为曹家都是坏人，现在只是罚一点钱，已经是天大的恩德，曹家应该跪下来感激而不应该对此有异议。

雍正的这种奇特性格，构成了一段古怪的历史，可以说中国的历史上最奇特的时期就是雍正这一段了。有一部书叫《雍正剑侠图》，这部书的产生就与雍正掌握的一个秘密的特务机构有关。这个特务机构被称为血滴子，史书上对这个特务机构是有一些记载的，但最吸引人的还是野史的记载。

野史上有这样的记载：有一天，少林寺突然来了一个香客，要求落发当和尚，但因为此人来历不明，少林寺拒绝他进入，更不想传授给他少林功夫。这位香客始终不肯走，就被允许每天待在少林寺的厨房里面，给大伙儿烧饭。这人饭菜烧得倒是挺好，可是他的食量却超级大，烧出来有一半都被他自己吃了，所以庙里的和尚很愤怒，每天都要揍他一顿。

几年过去了，这个香客每天在少林寺挨打，终于有一天，他忍不住还了手，结果他一个人打得少林武僧们满寺庙乱窜，最后还气愤不休，一直追打到少林寺的大门口，正好碰到老方丈，老方丈对他说：你不要打了，我看你功夫已经大成了，普天之下除了一个女人，你已经没有对手，下山去吧。

于是香客就告别方丈，下山了。当他下山之后，哗哗地从树林里冲出一群身穿黄马褂的侍卫，一起跪倒在地，口称：四爷，您老受苦了。

原来这个传说故事中的香客就是雍正。当雍正回到禁宫的时候，晚上祭祀，忽然听到屋顶上有声音响动，只见雍正的衣袖一动，一道白光闪出，屋顶上就"咔嚓"一声，一颗狐狸脑袋滚了下来，上面剩下一只狐狸身子。此时雍正叹道：原来不是刺客，是一只狐狸，弄错了。

翻阅野史，类似于此的段子可谓比比皆是。为什么会有这种神奇的传说呢？这跟雍正的特务统治是分不开的。因为雍正以一个神秘的特务机构来统御民众，而民众则对雍正皇帝产生了极度的好奇，认为他极其神秘，民众无法理解他，也无法认知他。最主要的原因是，到了雍正时期，此前的历史基本上是能销毁的已经被销毁了，能埋没的已经被埋没了。

比如吴三桂造反时发布的新闻命令，在当时就全部被销毁了，今天的人想研究这段历史，必须去朝鲜查找资料。因为当时朝鲜还是中国的属国，这些资料流传到了那里，而清王朝在销毁这一切证据的时候，没有考虑到朝鲜，所以很多资料就被保存在那儿了。

正因为如此，所以到了雍正时代，整个历史已经完全走了形，人们已无法看清楚雍正本人的真实面貌。

大批判的发明与人性的扭曲

事实上，雍正这个人跟他爹康熙有很大的不同，他是第一个发明了大批判的高手。

雍正登基之后，第一个下手搞掉的就是他的妹夫、当时的大将年羹尧。这之后，他就开始整顿朝堂，凡是他看不顺眼的都铲除掉了。当时有一个钱名世，对雍正写的诗很是看不过眼，所以雍正恨死钱名世了。他登基之后，要求每一个大臣都要写一首诗，骂这个钱名世，批判他。

这种大批判的风格，正是雍正这种性格的人的写照，就是前面一再重复的，雍正认为自己是个好人，如果他认为你是个坏人，那么就要求所有人都要跟你划清界限，都要来骂你、批判你。

关于对钱名世的批判，当时还专门刊印了一本书，里面全是下三滥的骂人的话。而钱名世则被革职回家。这时雍正又干了一件缺德事，他亲笔

题写了一个"名教罪人"的匾额，要求钱名世必须挂在大门上，还命令当地的官员定期去查看这个匾额，以防钱名世偷偷把它摘下来。作为一个读书人、一个知识分子，遭到如此羞辱，钱名世是咽不下这口气的，他等于是活活被羞辱死的。在钱名世死了之后，雍正还下令把这个牌匾挂在他的坟上，而且不许不挂，地方官要定时巡查。

权力能扭曲一个人的性格，能使一个人的仇恨无限地延伸。细数雍正皇帝对曹雪芹、马乔公主、曾静、钱名世这些人所做的种种怪事，都证明了一个规律，即权力导致人性的失控。很多人都有像雍正的这种性格，认为自己是好人别人是坏人，但是因为没有权力，也做不出出格的事情来。只有像雍正这样的人，才能把曹雪芹逼上文学之路，因为曹雪芹在遭受这一系列不公正待遇的时候，他会思考，会反思，会琢磨，他晚上没事的时候就想：雍正为什么这样对我？曹雪芹看得比我们清楚，因为他是近距离在看，他活在那个时代。他发现一个问题，雍正皇帝对他仇恨入骨，视他为坏人，而且连理由都没有。这一发现强化了曹雪芹对人性的认知，这种认知使他走上了文学创作之路。

《红楼梦》的伟大在于对人性的深度挖掘上。一本书、一篇散文或者一首诗，如果不深入到人性之中，纯粹玩的是文字游戏，那么就得不到人们的心里共鸣。《红楼梦》能形成"红学"，正是因为它通过一个王府的兴衰，折射了一个帝国的起落。《红楼梦》里的人物主角，可以说是五花八门、应有尽有。曹雪芹当然不敢明着写出雍正来，但是红学家认为，雍正的一举一动都在《红楼梦》的记述之中，只是时隔久远，今人读不到也看不出，但是人性在这里，我们能时时刻刻地感受到这种共鸣的力量。

第七回

原始人的爱情

乾隆VS香妃

历史上有一个传奇女人香妃与一代帝王乾隆的故事流传至今。那么，香妃是否真实存在呢？乾隆的三位皇后先后离奇死亡，这三起案子背后隐藏着怎样的帝王权谋秘密？乾隆一生三次轰轰烈烈的爱恋背后，居然隐藏着一个男人，这是不是真的？如果是，这个男人又是谁？

大　清　擂　台　上　的　权　力　游　戏

大清国第七对对手的主角是乾隆皇帝。在历史上有一句话叫康乾之治，意思是说，清朝历史上，在康熙、乾隆这两个皇帝的统治下出现了盛世，康熙和乾隆是明君。既然讲到康乾之治，人们不免会产生一个疑问：在康熙和乾隆之间还夹着一个雍正，雍正是康熙的儿子，而乾隆又是雍正的儿子，那么康熙是明君，其治下是盛世，乾隆又是明君，治下又是盛世，夹在中间的雍正怎么就这么倒霉地被忽略了？

其实雍正在史书里既不是明君，统治时也不是盛世。想弄清这个问题，要从他与乾隆、康熙执政风格的区别讲起。首先我们说说乾隆是一个什么样的人。

丁文斌的故事

通过一个乾隆亲手处理过的案子，就能看出乾隆的主政风格和他究竟是一个什么样的人。

该案子说的是一个叫丁文斌的读书人，很小就成了孤儿，由他的叔叔把他抚养大。但千不该万不该的是，他的叔叔又教了丁文斌读书识字。可他成年之后却谋生无路，生活十分贫困潦倒。就在这种绝望之中，忽然有

一天，丁文斌听到一个声音在叫他：丁文斌……丁文斌……

当时丁文斌很惊讶，左看右看，却看不到人。他大声问：是谁在叫我？那个声音回答：是我，我是天帝。告诉你，你丁文斌要时来运转了。我来找你，是要告诉你怎么样改自己的命运。当时丁文斌很震惊，问：天帝，那我该怎样改变自己命运呢？天帝说：很简单，你本来不是普通人，是天上的星宿下凡呢。但是，想要成就一番事业，就必须让你吃尽苦头。现在你苦头已经吃够了，要马上拿起笔来写两本书，第一本叫《春秋》，第二本叫《文武记》，写完这两本书之后给朝廷送去，你马上会高官厚禄，从此荣华富贵享受不尽。

丁文斌一听激动万分，拿起笔就写，两本书很快写完了。写完之后丁文斌就捧着两本书去找朝廷，可是上哪儿找他也不知道，恰好一个地方官坐轿出行被他拦住了，地方官就问他：拦轿者何人？丁文斌说：你明知道我是谁你还问什么，天帝难道没告诉你吗？我这两本书已经写完了，现在把书交给你，可以把高官厚禄给我了吧？

地方官一看这人脑子不正常，明显是个疯子，不能和他直说，于是就说：天帝跟我说了，那你把书给我吧，你在这儿等着。丁文斌就老实地站在路边等着，而地方官则回家了，根本不理他。

丁文斌等了两天，饿得是头昏眼花，正在郁闷的时候，耳边又听到了那个声音：丁文斌……丁文斌……这丁文斌脾气一下就来了，说：天帝你怎么骗我呢？你说我写了书高官厚禄就来了，我写了，没有来啊！这时候那个虚无缥缈的声音说：丁文斌，不好意思，我弄错了，把书名说错了，你该写的不是《春秋》也不是《文武记》，你该写一本叫《洪范》，另一本叫《太公望》，写完这两本书之后，你也别去找朝廷了，去曲阜的孔家，找孔丘的后人。现在孔家有一对双胞胎女儿，长得是貌美如花、柔情似水，命中注定这一对双胞胎都是你的老婆。你把这两本书写完之后送过去，这两个女孩子就会嫁给你，从此你就吃穿不尽了。

丁文斌说：我再信你一次，你可别骗我。于是回去又写，写完之后拿着书就出发去曲阜。可他没有钱，所以一路上是讨饭过去的。到了曲阜之后，丁文斌敲开孔家大门，说：我是丁文斌，天帝跟你们说了吧，书我已经写好了，快把我两个老婆叫出来吧。你们这孔家也太缺德了，我都饿成这样了，你们还把我老婆藏着不跟我见面。

这曲阜孔家的家丁一看来个疯子，赶紧要关门。丁文斌不干了，连摔带砸。四周老百姓被惊动了，都出来看热闹。丁文斌更加起劲地在那大喊大叫：你们把我两个老婆藏起来，你们意欲何为？

凑热闹的老百姓一听，也都议论纷纷：孔家还是圣人后代，也太不地道了，怎么能把人家的老婆藏起来呢？

这时候曲阜的孔家是没办法了，被一个疯子缠上了，只好报官，请求官府帮助处理。也不知哪个缺德的，就把这个案子报到了乾隆跟前。乾隆一看，得出了荒唐的结论，他批示道：在丁文斌背后，肯定隐藏着一个针对朕的阴谋集团，尽快给朕把它挖出来！

地方官接到这个指示，真是欲哭无泪，心想我们这个皇帝看起来脑子跟这个丁文斌一样不正常，这案件摆明了就是一个疯子产生了幻听，听到了一些不存在的声音，陷入自己的幻觉之中，可是皇帝非说他的背后藏着个阴谋集团，这不是难为人吗？

可是既然皇帝说藏着个阴谋集团，那得把这个阴谋集团揪出来，不揪出来恐怕乌纱不保。没办法，地方官就开始忽悠丁文斌，问他：你跟天帝都在什么地方联系，他家住在哪里？

丁文斌说：你脑子有毛病，天帝当然住在天庭了！他跟我联系是我们俩之间的事，你怎么能知道？

地方官审了半天，最后上奏说：陛下，这真的是个疯子，没有阴谋集团。

乾隆勃然大怒：怎么可能没有，一定有！你给我用刑，上夹棍！

夹棍这种刑具是非常恐怖的，古代有一句话叫"五木之下，何求不得"，意思是五根木头夹住你的腿骨，只要一用力，你脆弱的腿骨"咔嚓"一声就碎了，那种让人求生不能求死不得的痛苦，会让你把所有的事情都招认出来。

对精神病患者丁文斌实施了这种刑罚，可是根本没用，因为确实没有阴谋集团。丁文斌被折磨得是半死不活，于是地方官就上奏说人都快死了，还要不要再折磨他，乾隆批示：在死之前立即拖赴刑场，剐他三千六百刀，少一刀刽子手抵命。

乾隆为什么这样对待丁文斌？只能说这是乾隆的一个主政风格，是他成为一个明君的秘密，也是康乾之治这句话得以久远流传的一个内在因素。

洋人洪仁辉上访记

除了丁文斌案之外，洋人洪仁辉上访的案子也同样折射出乾隆的个人性格和气质，或者说主政风格。

洪仁辉是一个英国人，在英国搞了一条怪船，船的名字也奇怪，叫"旮旯深"。这个英国佬开了这艘怪船到了中国沿海，想买一批中国的茶叶，碰到了一个中国商人。那个中国商人答应给他提供五万两银子的茶叶。洪仁辉这个洋鬼子实在傻，当时就把五万两银子付了，这商人一看还有这种傻人，就带着银子跑了。

洪仁辉知道后心想：中国人怎么这样，说好了做生意，结果拿了银子跑了。跑了也不要紧，这不是有政府吗？我去找司法机关报案。于是洪仁辉就去县衙报案，这县官一看来个鬼佬，说：你个鬼佬你跑我这儿来干啥？捣乱！不接案子，滚！

洪仁辉觉得中华帝国的政府有点怪，县官不管，他就去找知府，知府也不管，他又去找巡抚，可巡抚更不管。这时候洪仁辉就困惑了，心想：中华帝国出问题了，它的政府居然不履行管理社会的起码责任，那还要政府干什么？它把自己当强盗了！肯定是在北京城的皇帝不知道这事，我必须去北京城，我要去面见中华帝国的皇帝，跟他说清楚这事。

于是洪仁辉就坐着怪船"旮旯深"进入内河，直奔天津大沽，要上访。这是中国历史上第一起洋人上访事件。

当洪仁辉走到天津大沽的时候被清兵水师截下了，一问原来是这么回事，原来是被人骗了，来上访的。案子迅速地报到了乾隆的面前，乾隆皇帝一看立即批示：在这个洪仁辉背后隐藏着一个针对朕的阴谋集团，给我揪出来！

地方官又痛苦了，怎么什么事到皇帝跟前都有个阴谋集团？这怎么揪

啊？摆明了就是一个洋人被中国人骗了，他就是想把骗走的银子要回去。可是没办法，圣旨既然下了，就得照着做事。于是地方官就开始跟洪仁辉会谈，套他的话：你到北京来找中国皇帝，是谁撺掇你来的？你背后的指使者是谁？洪仁辉说：你这个人说话好怪，我的钱被骗了，我要报案，就这么简单！有什么指使者？地方官说：是这样啊，那么你是个洋人，你怎么会说中国话呢？肯定有人教过你吧！洪仁辉说：我是在一只船上捡到一本书叫《水浒传》，我从那本书里学的。

地方官继续套：那你要上访，要告状，你总要写状子吧。谁帮你写的状子？洪仁辉说我自己写的，我会你们中国话，也会写中国字。那地方官说：可是你这个状子写得很规整，这个总有人指点你吧？洪仁辉说：是，我有个朋友，是四川的商人，名字叫刘亚扁，他帮我把状纸重新整理了一下子。

到这里，案子就破了，这个针对乾隆的阴谋集团就算是揪出来了，阴谋集团的首领就是刘亚扁。案情第一时间上奏，乾隆批复：刘亚扁全家处斩，洪仁辉逐出海外。洪仁辉走时一步三回头，心想这究竟是个什么怪地方，怎么这么恐怖？被骗了之后申诉无门不说，还老是搞这种神经质的事。

这也算是天朝与世界的一次接触，而这次接触折射出乾隆一种典型的以自我为中心的性格，任何事情他都要归到自己身上。

和爷爷一样做个坏人

乾隆也是一个原始人，他原始在什么地方？原始在他对这个社会的认知上。他不认为这个社会的规则是跟他无关的，是客观的，他认为他就是这个社会的中心，一切都是围绕着他转的。

除了这两起案子，还有一件事更能折射出乾隆这种狂妄自大心态。一次乾隆在去山东的途中，遇见几名百姓告状，说当地遭受了大饥荒，而官府的赈灾粮全被某某官员给贪污了，老百姓们都活活饿死了。这个状纸到了乾隆的面前，乾隆接到状纸后勃然大怒，指着这几个百姓破口大骂：官员就是你们爹妈，是你们的父母，你们竟敢状告爹妈、状告父母，这还有没有王法了？先给我拖出去打个半死，然后再押回原籍，给朕揪出这几个人的幕后阴谋集团！

又出幕后阴谋集团了。这次被揪出来的是一个已经退休的老官员，这个老官员躲在自己的小乡村，从来不敢出来，生怕被乾隆发现。可是因为这几个百姓告状，乾隆一过滤，查了当地有哪些当官的，有哪些退休在家的，于是老官员被发现了，立刻给抄了家。

抄了这个退休官员的家之后，发现该退休官员写了一本书，于是乾隆就逐句逐字地看。突然之间发现了一个字，什么字呢？历，日历的历。乾隆的名字叫弘历，也就是说这个官员写这个书的时候触犯了他这个历字。当时乾隆真是雷霆大怒，大骂：要用何等心肠，才能如此狼子野心！

这是乾隆对这个社会的认知，他认为他是这个世界一切事物的所有者，所有人必须以他为中心转动，如果不围着他转，那么乾隆就会非常痛苦。这种思维无法区分自己跟这个世界的本原，我们把它称之为一种原始思维。知道了乾隆的性格，那么就知道他为什么成为明君了。

到这里，回到最初的问题，康熙是明君，孙子乾隆是明君，为什么夹

在中间的雍正就这么倒霉，成了夹心层？他既不是明君，其统治也不是盛世，原因在何呢？很简单，这是他们三个人的不同性格决定的。

先说爷爷康熙，前面已经讲过，康熙是活活地冤死了鳌拜，他是知道自己在做什么的，是在做坏事，可是他乐此不倦，他知道自己是个坏人。乾隆他恰恰也是这样一个人，他知道自己是个坏人，也一直在做坏事。唯独夹在中间的雍正，他也是个坏人，但他不知道自己是个坏人，他把自己做的坏事到处张扬，说你看我好到什么程度，结果漏底了，让人发现他不是个好人，这样他就不是明君了，也没有盛世了。

康熙和乾隆知道自己在做坏事的同时，还一直在做一件事，就是封禁民间舆论：不许讨论，不许说，只许你歌颂。凡是稍有一点对他忌讳的文字，就立即灭门。这样就导致了信息传播的断绝，导致了真相被颠覆，凡是能说出真相的人都被杀光了，剩下的全是糊涂虫，这些糊涂虫是喊着明君、喊着盛世才存活下来的。到今天为止，还是有很多史学家在热情洋溢地讴歌康熙，讴歌他是如何智谋果敢地铲除鳌拜的，唯独不提后来给鳌拜平反的事。许多史学家讴歌乾隆，但却从来不提乾隆这种鲜明的主政风格。

我们回顾这样一些人，这样一些时代，其目的只有一个，就是要不断重申人性中的恶，是被一种叫做权力的东西所释放出来的！

可怜的皇后们

乾隆严格地封杀民间舆论，导致了清史上的又一个谜团——皇后富察氏之死。富察氏跟乾隆之间的夫妻感情还是非常好的，但就在乾隆巡行山东的时候，船行德州，皇后富察氏落水而死。这个案子非常离奇。

离奇在什么地方？一个皇后连睡觉的时候身边都立着一排宫女，她怎么会掉到水里去，没人看、没有管、没人捞？即使在当时的信史记载中，也对此持有疑问。但是，这一段历史是乾隆亲自监督的，只写了皇后落水而死。至于皇后为什么落水而死，没说。这就导致了历史研究野史论各种说法的兴起。

事实上虽说是野史，但它也是写入正史的，至少多位史学家都推崇这么一种观点。富察氏为什么自杀呢？起因是富察氏有个弟弟叫傅恒，傅恒的妻子入宫来见乾隆，被乾隆看中了，于是就发生了一段美丽的爱情故事。而这件事被富察氏给发现了，自己的丈夫跟自己弟弟的媳妇，这个关系太错乱，所以富察氏就上前劝说，可当时乾隆皇帝正欲火攻心，富察氏过来一劝说，却被他揪过一顿狠打。于是富察氏悲愤交加，想：我怎么嫁了这么一个男人呢？他干出这种事来，叫我以后怎么再见我的弟弟？悲愤之下富察氏投水自尽了。

作为这段史料的佐证，还有一个颇有趣的说法，就是富察氏的弟弟傅恒从此受到了信任。傅恒有个儿子叫福康安，在金庸的《书剑恩仇录》中，福康安跟小说主人公陈家洛长得是一模一样，为什么这样呢？因为金庸支持这样一种观点：福康安本人是乾隆的儿子。

事实上，福康安是乾隆时代最受重用的一名武将，他在乾隆面前的权力几乎是无限的，当乾隆命令他出征的时候，他可以讨价还价、可以抬杠、可以拒绝。而乾隆对福康安只能屡屡让步。其实乾隆也是一个人，当他欣赏一个人的时候，他也会表现出更大的宽容。

皇后富察氏死后不久，民间就有一出叫《乾隆休妻》的戏剧上演，当这出戏上演的时候，乾隆皇帝已经死了好久了，乾隆在世时没人敢说这个事。《乾隆休妻》的女主角是另一个皇后乌喇那拉氏，这位新皇后典雅端庄，做人非常正派。当她成了皇后以后，有次跟乾隆一块出行，走到途中，乾隆叫船停泊在河中，命令士兵上岸，抓来很多美貌的民间女子聚到船上，然后点起红灯笼，玩一种很变态的游戏。

当时乌喇那拉氏看着很惊讶：皇帝怎么能这么干呢？就在皇后惊讶之时，乾隆过来了，邀请皇后加入一起玩。皇后说：我们不能这么荒唐，你是皇帝，我是皇后，我们这么搞，简直把自己当成小地痞小流氓了。

她气性很大，为了表示自己决绝的心意，回到船里之后，就把自己的头发全部剔了，意思是说我宁可落发为尼，也不愿意跟这样的怪男人在一起。等到乾隆在外边淫乐够了，回到船上，一见到皇后吓了一跳，当即大喊：来人，给我把这个女人赶走！她竟然剔光了头发吓我，意欲何为？

于是乌喇那拉氏就这样被乾隆抛弃了。

当这个故事在民间流传开的时候，百姓们都为乌喇那拉氏感到非常不平，所以才有这么一出戏剧上演。但这样一幕民间剧，我们现在已经看不到了。做历史研究，尤其在研究乾隆一朝的时候，面临的一个主要障碍是没有史料，因为所有的史料都被销毁了。很多研究资料是从外国援引来的。中国人不知道乾隆是个什么样的人，不知道乾隆时代发生过什么事，外国人知道。当时有很多传教士到过中国，他们将这些事情都记录了下来。

香妃到底是谁？

当时有很多传教士来中国，而乾隆对这些远方的客人一向很热情。比如意大利画家郎世宁，他是中国著名的宫廷画家，在皇宫里画了很多画。到了民国年间，清室被推翻，很多中国民众拥入皇宫，突然发现了一幅画。这幅画上画着一个戎装女子，下面还有一段文字记载，里面提到了一个香妃。

那段文字记载的大意是说：香妃是回教徒，是回疆小和卓霍集占的爱妃。因为乾隆觊觎香妃的美色，就兵发大小和卓，攻杀了这两个人，最后夺回了香妃。而香妃入宫的时候是怀藏匕首准备刺杀乾隆的。乾隆不仅原谅了香妃这一举措，而且还在宫里修筑了一座清真寺以取悦香妃。

这一段历史在民国时被人发现，从此传颂纷纷。可是回头查清史却没有丝毫的记载，因此只有两种可能：第一种可能是郎世宁瞎掰，这外国人坐那儿胡扯；第二种可能是这个史料彻底销毁了。到目前为止，史学界对香妃身份的研究所得出的观点比较一致：香妃实际上就是容妃。

这个容妃又是谁呢？

她不是小和卓霍集占的妃子，恰恰相反，她是霍集占仇人的妹妹。当时在回疆有很多部落，霍集占有一个敌对部落，这个敌对部落中有一个美女。敌对部落为了与乾隆搞好关系，共同摆平大小和卓，便专门把他的妹妹送给了乾隆。

容妃在皇宫里一直活到了六十多岁，每一次乾隆在宫里举行宴会的时候，排第一的就是容妃。为什么她排第一呢？这里面有一个政治规格的待遇，这些妃子们的身份待遇标志着这些部落的权力次序，同时也标志着乾

隆对于回疆的一种笼络态度。

在研究原始人乾隆跟香妃之间这段情事的时候，我们实际上进入了一个非常神秘莫测的领域，这个领域成为了一个黑箱，我们不知道这段历史的黑箱里究竟发生了什么，我们所知道的信息是从外国人那里反馈回来的，导致我们对这段历史的解读充满了随意性。但事实上这里面隐藏了一场原始人和文明人的暗中冲突，这种冲突来自于我们对此事的无知和这个消息的特殊来源渠道。

从种种信息中可以看出，香妃其人是真实存在的，郎世宁不是自己闭着眼睛瞎画的，一定是皇宫里发生了某件神秘的事情。按照郎世宁的记载，香妃携带凶器进宫，此事甚至引起了皇太后的关注，引起了宫内一场隐秘的纷争。

传教士记录的乾隆的三次爱情

除了从郎世宁那里获取的信息之外，还有一个信息来源。说起来很可笑，它来自于法兰西文学院院长阿兰·佩雷菲特。阿兰·佩雷菲特这个人胆儿大，敢写，他出版了一本书叫《停滞的帝国》，专门描述乾隆时期的中国。而他的书中所披露的资料是现在中国人非常陌生的，没有见过也不知如何评价。那么他的史料从哪儿来的呢？是从诸多传教士笔录中来的。传教士来到中国，见到乾隆，经历了很多事，这些事件在中国的表述是被禁止的，要遭到满门抄斩的。所以这些事被彻底抹出我们的记忆中，但却被传教士带到了欧洲。

与此同时，这些资料引发了我们的心理惊恐，什么惊恐呢？这些传教士什么都敢说，而且说得太离谱了，让人无法判断这些究竟是不是真的。

比如说阿兰·佩雷菲特在这本《停滞的帝国》中描述了乾隆皇帝的三次恋情，书里说，乾隆皇帝是一个性情中人，他的一生有过三次轰轰烈烈的恋爱。乾隆的第一次恋爱对象是谁呢？是他父亲的妃子马家氏。据阿兰·佩雷菲特的记载，这个马家氏年轻美貌又柔情似水，由于某种起因，和乾隆幽会并私订了终身。但是事情很快暴露了，为了保护乾隆，马家氏仗剑自刎，很是悲壮。可这一段记载中国的史学家一般都是绕着走，不敢认同。为什么呢？

因为回头去查乾隆他爹的妃子的名册，是查不到马家氏的。但如果他们像我一样闲极无聊，再往上查，则会查到他爷爷那儿有一个马家氏。唯一让我们纠结的就是这个马家氏的年龄，跟乾隆的年龄相差五十岁。想象着乾隆皇帝跟一个比他大五十岁的老太太谈恋爱，这太恐怖了！

这段记载是颇为可疑的，但我们也有理由怀疑乾隆皇帝可能销毁了相关记录。这是阿兰·佩雷菲特描述的乾隆的第一次恋情，他描述的乾隆的第二次恋情就是我们刚才提到的香妃的故事。这个香妃的故事也很令人困惑，困惑在什么地方呢？香妃是有可能真实存在的，因为阿兰·佩雷菲特的资料非常翔实，只不过他所有的信息貌似都是道听途说。

其他传教士到了中国，也只能是道听途说而已。但郎世宁这个宫廷画家，应该不会乱写。他肯定是听闻了宫中的某种隐秘，于是把它写到了这幅画上。

在香妃之后，阿兰·佩雷菲特给我们披露了乾隆的第三次轰轰烈烈的

恋爱，这次恋爱说出来效果不同凡响。阿兰·佩雷菲特揭秘乾隆第三次热恋是和一个男人——和珅。

这太搞笑了，就我们目前的史料而言，没有证据表明乾隆跟和珅之间有私情，不过话又说回来，假如有私情，也是不会有记录的。但这个法国人是语不惊人死不休，他的这种描述方式让我们确信，在乾隆与和珅之间必然存在着某种隐秘的心灵呼应。如果没有这种心灵感应，乾隆不会那么纵容和珅，和珅也不会那么受宠。

追溯这两个人的恋情，还是始自乾隆去山东的时候。据记载，乾隆在山东的时候坐了一辆骡子车，然后鞭打着骡子飞跑，每行一里换一匹骡子。乾隆之所以这么做，是为了向民众炫耀、展示，看我乾隆多威风！就在他坐在骡子车上奔跑的时候，有一名侍卫跑步跟在骡车旁边，这名侍卫就是和珅。这一路跑来和珅始终是脸不红气不喘，他的体力非常充沛。于是乾隆就故意逗他，鞭打骡子加快速度，但他怎么加快也甩不掉和珅。这时候乾隆看着这个人就乐了，问他你叫什么名字，和珅回答说我叫和珅。

和珅一边跑一边回答，而且中气很充足。乾隆接着问：你是什么出身？和珅说：我是正红旗。乾隆笑说：你呀，你就应该多读点书去考个功名什么的，不读书你看看，你现在只能跟着我这骡车跑，后悔了吧？和珅一边跑一边说：启奏陛下，我是读过书的，我也参加过科举考试。乾隆说：你参加过怎么还落榜呢？把你的试卷给我背一下。

这时候奇迹发生了，和珅一边跟着骡车狂跑，一边中气充足地开始背他的试卷，而且声调声韵非常稳定。乾隆越听越吃惊，说：凭这张试卷你就应该中，你怎么没中呢？

从此以后乾隆便对和珅刮目相看，开始了长达几十年的君臣合作关系。他们两人之间的默契合作，某种程度上说超越了君臣关系，那种信任我们后人无法理解，当时人更无法理解。

朕只能是好的、伟大的

今天再回头看的时候，对乾隆皇帝的基本认知就构成了我们的一个价值观念判断。什么判断？就是我们如何看待权力。

范围缩小点，就是我们如何看待康熙和乾隆的盛世。这里面有一个隐恶扬善的心理机制在起作用，什么叫隐恶扬善呢？就是中国的民众（包括我们自己）愿意或者倾向于相信这个皇帝是好的。他刀把子握在手上，你相信他是好的他都不放过你，你还敢说他是坏的吗？

乾隆本人是一个非常搞笑的诗人，他一生写了四万三千多首诗，基本上每天都在写诗，可是今天谁能背出乾隆的一首诗呢？他写的诗在数量上超过李白好几倍，可是随便拉一个中国人都能背出李白的几首诗，却背不出乾隆的一首。原因何在呢？一个是帝王诗，一个是真正的文学作品。我们必须接受这个事实，即乾隆并不了解文学的概念，他只是喜欢卖弄，认为自己很在行。他在世时他写了四万多首诗，每一首诗都赢得山呼海应，所有人都在欢呼：陛下圣明，陛下的诗写得太好了！这种无知炫耀，就是一种典型的原始人心态，他认为自己已经了解了一切，如果你要说他没了解，原始人可要发火了。

回应前文，为什么乾隆要杀精神病患者丁文斌？为什么他会对洪仁辉

的上访表示出极大的愤慨？原因就在于乾隆对知识的愤怒，他不可能不知道产生了幻听的丁文斌是一个精神病患者，在乾隆的文字狱中，涉案的都死得极惨。

史书上说在乾隆的一生中，有十大武功。所谓十大武功，是说他十次出兵取得了十次胜利，但事实上这十次出兵九成九都是失败的。乾隆的伟大就伟大在，每当灰头土脸回来了之后，他都宣布一次我又胜利了，并叫史官把这事记入史册。

比如十大武功之首，就是攻打大小金川，此次战役以折兵损将而告终，而告终的结果是作为一次战功记入史册。再比如说乾隆征讨缅甸，数万大军埋骨异乡，只逃回来一个官员，而正史中记载的是一次大胜。如果你有兴趣打开清史，看完之后不要被"雷倒"。它是这样记载的：首先告诉你出兵缅甸，大军全军覆没，然后将其视为武功之一。这时候困惑产生了：全军覆没了也算是一次伟大胜利吗？算！后来缅甸为了避免遭受清朝和暹罗的两面夹击，主动投降纳贡，虽然战事过去二十年了，但仍是胜利。

如前所述，乾隆跟香妃之间的故事，听起来是一段小小的风流韵事，但是前面已经讲过，乾隆是如何对待富察氏的，又是如何对待乌喇那拉氏的，这样一个男人，他又会如何对待香妃？他又会如何对待我们的历史呢？可以说，他所做的一切，折射出的都是每个人内心中的一种隐秘的人性。

我们现在回顾历史，了解这些人这些事，追溯这些已经被埋没的故事，其目的是要认识到我们每个人的人性的缺失。乾隆所做的事我们有可能正在做，在我们每一个人的脑子里面藏着一个像乾隆一样的原始人，但愿我们能更明智一些。

第八回

管理领导的艺术
和珅VS刘罗锅

　　电视剧里的大贪官和珅，在历史中究竟是怎样的一个人？乾隆百般纵容和珅的后背究竟隐藏着怎样的权谋需要？而和珅真的和乾隆之间有着怎样的隐秘的关系吗？刘罗锅与和珅之间到底是怎样斗智斗勇的？和珅在官场上的成功，透露出怎样的管理学秘密？

大　清　擂　台　上　的　权　力　游　戏

　　这回要讲的是我们大家都耳熟能详的宰相刘罗锅智斗和珅的故事。三百年前，多尔衮率八旗挺入中原，现在看来，这为中国的电视剧事业做出了不可磨灭的贡献，不知有多少编剧创作人员就靠着这碗饭，搞得阿哥格格满天飞，捞得盆满钵满。在这些阿哥格格们之外，应该说最夺人眼球的就是宰相刘罗锅和铁齿铜牙纪晓岚这两个人物。

没罗锅的刘罗锅

　　《宰相刘罗锅》是一部好多年前的电视剧了，每一次开演的时候，前面都有一个大印盖上四个字：不是历史。可是没人会怀疑它不是历史——你不是历史你演它干什么？

　　什么叫历史？历史是曾经发生的事，但是不被人认可。如果它被人认可了，它就成为文化了。那么什么叫传统？传统是从未发生过，但是大家坚定不移地相信它发生过。

　　同样的，刘罗锅智斗和珅，也构成了我们当今文化的一部分。这段文化是从哪形成的呢？不是民国时代。在大清帝国覆亡之初，民国的口号是"驱逐鞑虏，光复中华"，其革命思想是排满的，是要驱逐满洲人。既然政

治上要排满，那么文化事业也要跟上，于是在当时就有一部单口相声出来，这个单口相声的名字叫《满汉斗》。它讲述了两个人物，一个是汉人宰相刘墉，一个是满人官员和珅。而《满汉斗》整个的故事内容就是这个刘墉怎么戏弄和珅。

故事中，有一天乾隆皇帝带着满洲亲贵和刘墉出门巡游，到了清河和沙河两河交界之处。到了河边之后乾隆下来休息，这时候刘墉过来了，说：皇上，咱们玩个智力游戏吧，来猜猜这两条河水哪条河深？乾隆说：这个问题太简单了，扔个石头，看看水花溅起来的高低就知道了。

于是先往清河里扔了一个石头，一看水花溅起来，乾隆说清河水深大约一丈。然后再往沙河里扔了一颗石头，水花比刚才高，乾隆一看这河的水深有一丈五。这时候刘墉就问：陛下说是清河水深，还是沙河水深？乾隆道：当然是沙河水深了。刘墉立马说：臣接旨，杀和珅！

他立即把太监叫过来：圣上有旨，杀和珅！故事中说这个太监也是憎恨和珅一手遮天，于是立即传旨回了京城，把和珅杀了。等乾隆回来发现和珅被杀了，一追究，都说：皇上是你下的圣旨啊，你有旨要杀和珅，这是你说的啊！

这个故事在民间广泛流传，它以此昭示广大人民群众：你们看看吧，满人他们就是这么笨这么蠢，难道还不该驱逐他们吗？还不该推翻这个帝王吗？

由于这样的故事源远流长，它们构成了我们当今文化的源头。但它们只是当今文化的源头，而不是历史本身。真实的历史和我们想象的并不一样。

刘墉刘罗锅，其实本人并不是个罗锅，他是个顶天立地的男子汉。那么他怎么会有刘罗锅这个名字传下来呢？因为乾隆这个皇帝没正经，他喜欢给大臣起绰号。刘墉上朝前要躬着腰，乾隆故意不叫他名字，管他叫刘驼子，从此刘驼子这个名号不胫而走，人们都把他看做一个罗锅，但事实上他不是。看电视剧里刘墉的背后有个驼，事实并非如此。

刘墉不是男一号

简单地说一下刘墉的人生经历，可以用悲催形容。刘墉是个典型的官二代，他的父亲刘统勋是乾隆时代的第一个汉人宰相大学士。刘墉本人清正廉明、勤学好读。当乾隆下江南的时候，一般是刘统勋秘密安排，他就派儿子刘墉化妆成算卦的沿途勘察消息，保证乾隆皇帝的安全。再后来，刘墉就成了一名地方官员，他做地方官的时候可以说是正直清明，因为他是官僚世家出身，熟悉做官的规矩，也知道怎样为老百姓做事，这样他就被调到了朝堂，到了乾隆的身边，也终于跟和珅相遇了。

按照现在的电视剧，当刘罗锅遭遇和珅时，和珅倒霉的时候便来了。其实事实是相反的，当刘墉遭遇和珅的时候，就标志着刘墉郁闷时代的到来。

刘墉起初跟和珅并没有什么冲突，他只是性格突然变了。在做地方官的时候刘墉是不苟言笑、不怒自威，等他到了朝堂之后每天见人就开玩笑，和珅说一句话，他就在后面跟上一句随声附和。也就是说如果我们给他定位的话，他更希望成为和珅的马仔，但是性格的冲突最终导致了刘墉与和

珅之间的水火不容。

事情的起因是山东巡抚爱新觉罗·国泰贪污案。这个名字我们一听就知道是个满洲人，国泰这个老兄很会做官，他把赈灾粮款全部吞了之后，严禁老百姓申冤告状，导致很多老百姓饿死。当地的书生们就联合起来准备向朝廷递交诉状，于是国泰出动军队连杀了多名读书士人。这个事情闹得很大，乾隆就派了刘墉去调查这个案子，而刘墉仍然沿袭了他此前的风格，化妆成算卦先生潜入山东境内。

经过调查采访取证——其实不用调查采访取证，一切事儿都放在跟前呢——刘墉收集了国泰贪赃枉法、残杀士民的证据，然后回到乾隆面前报告。乾隆看着这个报告，非常不满，非常生气。

为什么乾隆很生气？因为乾隆认为这个报告是对他本人的否定，朕是明君啊，现在是盛世啊，你刘墉给朕弄了这个报告，你啥意思啊？这个时候，朝中的御史、后宫的妃子再加上和珅一起出来说：这个报告是假的，刘墉造谣，国泰是个好同志。

这下刘墉就毛了，他把更多的证据拿出来堆在乾隆面前，和珅他们是无话说了，也不说话了。国泰受到法办，但刘墉也从此被打入另册。

从这一天开始，乾隆皇帝只要稍有点不爽，就要"修理"刘墉一下，要不降职，要不罚款，把刘墉搞得非常郁闷。事实上到了这一步，因为性格使然，刘墉已经变成了一个搞笑专家，每天拿自己取笑，一来舒展自己的胸怀，二来表示自己也只能这样了。

经过了漫长的屈辱和隐忍，刘墉终于迎来了他的春天，那一年他已经八十多岁了，乾隆死了。有一句话叫"和珅跌倒，嘉庆吃饱"，乾隆一死，新皇帝嘉庆立即清算和珅，派谁去清算呢？刘墉。刘墉处理和珅案是民间百姓、朝野上下都知道的。正是因为这样，大家都认为肯定是刘墉把和珅"修理"惨了，而不知道其实是和珅把刘墉"修理"惨了。

纪晓岚其人其事

除了刘墉，第二个在电视剧里非常热的人物就是铁嘴铜牙纪大烟袋了。说起这个纪大烟袋，他是一个典型的中国文人。中国的文人有什么特点？第一，喜欢吟风弄月，不太熟悉时事；第二，他会挨所有人的骂。为什么大家骂他？首先不爱读书的人会骂他，其次依附权力的人会骂他，所以文人在中国历史上从来就没个好名声。

要知道不爱读书的人大有人在，骂文人是很爽的。如果骂了一个当官的，骂了一个有权的，那是很危险的，很可能被严打。可是骂任何一个文人，这文人严打不了你，你很安全，而且你可以自欺欺人地想：我既然能骂这个文人，也显示了我水平高。

纪晓岚家祖上七代都是文人。事实上纪家也有自己的一部传奇史，但这部传奇史是一部血泪史，早在纪晓岚的第七世祖宗之前，纪家是非常庞大、非常有钱的。正赶上民间闹饥荒，于是纪晓岚的七世祖宗就自己熬粥赈灾，救饥民无数，不知有多少人在纪家的这碗粥下保住了性命。

但是善人在权力之下，是不会有善报的，纪家的施粥之举带来了一场灾祸，官府将纪晓岚的祖宗抓起来。抓起来之后，让他自己修监狱，自己掏钱修建监狱把自己关起来。你不是有钱吗？这老百姓饿死不饿死自有朝

廷管，你一个老百姓你想跟朝廷争光？除了罚他自己给自己建个监狱之外，还罚纪家挖一口井，这口井在纪晓岚的家乡，直到 20 世纪 50 年代这口井还在，人称纪家井。这种现实中的挫折，带来的是德行上的福泽，修到了纪晓岚这辈，他已经是天下知名的大才子了。

纪晓岚在乾隆心目中是个什么形象？他又是如何与和珅斗智斗勇的？事实并非如此，他有的只是一个文人被野蛮原始人的戏弄。不要说和珅了，事实上纪晓岚被刘罗锅戏弄过。要说真正的谁和谁斗的话，刘墉跟纪晓岚才是一对儿。

曾经有一次两人在一块儿聊天，突然争论起来了。纪晓岚说我们家乡产的萝卜很大，刘墉说你少来，你们那穷地方能有什么特产？我们家乡萝卜才大。两个人一直争到了乾隆面前，乾隆说这好办，你们明天一人带一个家乡萝卜来，比比谁的大。第二天纪晓岚带了个大萝卜来，而刘墉手里拿着个蔫吧蔫吧的小萝卜。猜猜谁赢了呢？乾隆一看哈哈大笑，拟旨：纪晓岚家乡的税赋提高三成，萝卜这么大，肯定物产丰富，而刘墉家乡的税赋减三成。这是纪晓岚在刘墉面前的吃瘪，而刘墉和纪晓岚跟和珅是不具抗争能力的。

但是纪晓岚有文采，他是替乾隆修《四库全书》的，很受乾隆重视。正是因为重视，他要对国家大事进言。乾隆屡次出去巡游，造成国库日渐空虚。乾隆像一只大号的蝗虫一样，把整个国家啃得光光。乾隆出行，最豪华的设备是马桶，所有的马桶只用一遍，沿途要用几万只马桶，这是多大的资源浪费。还有他喝的水，全部得从京城一口特制的泉中运。单只是这两样开销，就已经不是民间百姓能够承受得了。所以当乾隆决定再次出行的时候，纪晓岚就出来劝：陛下，东南财力竭矣。意思是说，陛下，国家已经没钱了，你把国家祸害光了。

乾隆是怎么回答的呢？乾隆指着纪晓岚的鼻子骂道：汝等文人学士不过娼妓者流。这话什么意思呢？就是说：你一个臭文人不过跟妓女一样，你有什么资格对我说话！把纪晓岚臭骂一顿之后，带着纪晓岚出行：你必须跟我走，我出行你给我跟着，你不是反对吗，我今天非要出行，还要带着你，我看你是什么态度！

纪晓岚硬着头皮跟乾隆出行了，到了江南的一个地方，有一栋楼叫天香楼，是当地的名妓聚集之地。乾隆一看这个地方好，就住下来不走了。纪晓岚看了这事儿，觉得恶心，他家是世代书香门第，古代的文人都是有政治洁癖的。纪晓岚无法容忍自己追随着这么一个皇帝，要冲入天香楼跟乾隆皇帝理论一番，但是大内侍卫本着对皇帝的赤胆忠心，轻松地把纪晓岚拦到了门外。这时候纪晓岚就豁出去了，题笔写了一首诗。这首诗当然也没敢明着骂，拐弯抹角地劝告乾隆皇帝不要在这个妓女扎堆的楼里待了：你出来，最好去考察一下民生吧，拜托！

写下这首诗，纪晓岚已经不打算活了，他回到居所开始写绝命书。我们知道纪晓岚他有一个笔记小说叫《阅微草堂笔记》，除了这个之外他还有几本笔记。纪晓岚有一个特点，他所到之处，都要记一些奇闻轶事，而且他每天都记，记了几年已经厚厚一大本了。他当时就想把今天的这个事记下来，可是当他拿着笔找本的时候，却找不着了，到处找也找不着，哪去了呢？正在纳闷的时候，乾隆传旨命他过去，纪晓岚过去之后大吃一惊，乾隆坐那儿正在翻他怎么也找不着的笔记本。原来乾隆命人取来了纪晓岚

的笔记，从头翻到尾，只要有一个字不对心思，那纪晓岚就算完了。可是要命的是纪晓岚写的这些故事非常好玩，搞得乾隆只顾看故事，顾不上挑毛病了。最后乾隆说：你知足吧，这里边有一个字我看不顺眼，你就算完蛋了。今天我不跟你计较了，你一个破文人，不过如妓女之流，你跟我造次，你是不是不想活了？你是不是脑袋想不开了？

这次事件之后，纪晓岚对帝王政治彻底丧失了信心。他未必反思得像我们今人这么深刻，但是他知道不可能再遇到什么明君了。从此纪晓岚淡出历史，进入和珅的得志时代。

清朝第一贪之谜

这一节讲的是上司管理学，什么意思呢？因为乾隆皇帝是高高在上的，和珅是在下的，他是从下面这个位置来驾驭在上面的乾隆。事实上，上面小节也提到了，乾隆跟和珅之间的关系是一个谜，而且这个谜不光使中国人困惑，欧洲人也困惑，所以法兰西文学院院长阿兰·佩雷菲特坚信乾隆跟和珅之间有爱情发生。

这不是法国人天马行空的想法，它需要一个解释。为什么乾隆跟和珅关系这么铁？要知道，乾隆把自己的一个女儿固伦公主，嫁给了和珅的儿子。而且在任何时候，能在乾隆面前说上话的只有和珅。满朝文武都在走和珅的路子，为什么？你无论想做什么事，上报给皇帝，要是一句话不留神，那就是满门抄斩；但是和珅他没事，他可以把你的要求递上去，而且帝王不会发怒。

比如，有一个老臣孙士毅，他是乾隆征讨安南时带兵的主将，几万名士兵坑死在安南，孙士毅自己跑回来了。但是他却没有受到任何责罚，为什么呢？因为他跟和珅关系好。而且到孙士毅快死的时候，他有一个心愿，他想让他的家人加入满洲籍，转为旗籍。但是这个要求他不敢提，他提出来很可能有杀身之祸，因为龙有逆鳞、天威难测。但是和珅能控制乾隆，所以孙士毅通过和珅来提这个要求，最后他的愿望圆满地达成了。

还有一件事，在乾隆时期，台湾天地会起事。当时有个总兵柴大纪，独守空城好多天，当时浙江的巡抚常兴被派来攻打台湾，但是常兴不懂作战也不懂军事，是个官油子。他带兵赶到台湾之后，连续吃几场败仗，这时常兴发现情况不对了，就马上给和珅送礼，要求和珅给他换个地方。结果和珅找乾隆皇帝一说，他马上就从这个危险的位置移到了两广总督的位置去了。打了败仗还要升官，全凭和珅的一句话！

在正史和很多笔记小说里，最经常提到的一个段子是，有一个大臣给皇帝进贡，其中有一串精美的佛珠。当和珅看到的时候，就要求把这佛珠送给他，大臣说不行，这是给皇帝的。但是第二天见面的时候，这个大臣大吃一惊，他发现和珅已经戴着那串佛珠了。这说明和珅已经征服了乾隆。为什么乾隆就看他顺眼？这件事可能有一个人最清楚不过了，他就是帝国的下一任皇帝嘉庆。

嘉庆是乾隆的儿子，当时乾隆做皇帝做得很舒服，就放了一句话说：如果我能够像我爷爷康熙一样做六十年皇帝，我就心满意足了，我现在向你们宣布，我如果真做了六十年皇帝我就退休。结果他真做了六十年皇帝。

做了六十年皇帝之后，就把皇权移交给儿子，也就是嘉庆的时代来临

了。当然，还要扶上马送一程，国家大事还得乾隆说了算，小事就让嘉庆处理处理。但事实上，嘉庆是不敢处理任何事的，因为太上皇的权力太大了，而这个时候，乾隆又只管自己威风，正事也都不管。那么谁在处理这个国家事务呢？是和珅，所以和珅有"二皇上"之称。

管理领导的基本技巧

前面讲清帝国的开基皇帝努尔哈赤是一个情商高到了吓人的人，同样，和珅也拥有普通人无法比拟的情商和智商，至少他知道乾隆皇帝需要一个什么样的管理者。换句话说，如果你想管理好上司，那么你就必须要了解你的上司需要一个什么人来管理他。所有的大臣在乾隆面前都是忍气吞声说不上话。乾隆曾说过一句话：本朝没有奸臣也没有名臣。什么意思呢？本朝只有我乾隆，你们只是给我办事的小奴才。正是这句话导致了刘墉这些人的人生悲剧，因为不需要名臣。而且乾隆明确地禁止百姓给官员送万民伞或者敬仰某位官员，如果某位官员赢得了民心，就说明没有听进去皇上的话——民心只能归于皇上。

在前面还讲述过乾隆处理过的几起案子。乾隆的思维非常耐人寻味，他既有帝王的不按规矩出牌的一面，也有作为一个原始人的野蛮自大的一面。如果你想管理好这么一个上司、管理好这么一个领导，你必须掌握这个心理；掌握不了，你就只能被他所管理。

在乾隆时代，中西文化发生了第一次对撞，英国国会议员开了个会，找来了一个人叫马尔嘎尼，对他说：我们的东印度公司准备打开中国的市场，必须派一个人去说服中国的皇帝，我们打算派你去，费用不用担心，全部由东印度公司报账，随意花。

就这样，马尔嘎尼来到了中国，理论上来说他不应该见到乾隆，但是他见到了。他是怎么见到乾隆的呢？

在马尔嘎尼与乾隆相会的整个过程中，充满了奇妙的巧合。最先获知消息的是广东巡抚，马尔嘎尼向广东巡抚递交了国书，广东巡抚找了个翻译来翻译这份国书，翻译完一看，是以两国平等的口吻草拟的。这广东巡抚就对翻译说：你翻译错了，英吉利是蛮夷小国，它得进贡，怎么能算平等的呢？翻译一听明白了，就把这份国书改成了供表，宣称马尔嘎尼来给我天朝下跪来了。广东巡抚一看这个好，于是马上递交了上去。

乾隆见到之后大喜过望，立即吩咐让马尔嘎尼觐见，同时还派出了一个专家学者队伍。什么专家学者队伍呢？最熟悉下跪磕头等礼节的这么一支队伍，去教导马尔嘎尼他们怎么磕头。这支专家学者队伍见了英使之后，就告诉他们该怎么跪，脑袋该怎么磕。马尔嘎尼大吃一惊说：拜托大哥，你有没有搞错，你们中华帝国不尊重人，把人当奴才，我们英吉利不是这个样子，我们也有皇帝，维多利亚女王，但是我们皇帝是为臣民服务的，我们的人格自尊都是存在的，我们不可能做出这种有辱国格的事情。

猜一猜这个专家学者队伍是怎么样向乾隆汇报的？专家学者队伍汇报说，马尔嘎尼经过我们一番调教，已经学习了跪拜礼节，我们胜利地完成了任务。专家学者们为什么这么报告？第一，是不敢说出实情，第二，说完成任务之后，就可以把马尔嘎尼交给接下来的官员了，这颗烫手的山芋就能扔给别人了。

　　结果，这群不会跪拜的洋鬼子就像击鼓传花一样被传到了和珅面前，和珅一看这个情况掉头就跑。最后实在没办法，和珅就过去跟乾隆说。乾隆一听完，没有责怪和珅，反而哈哈大笑，然后偷偷地给接待官员写了封信，信中说一定要用巧妙的法子暗暗地点拨对方，无论如何也要让对方跪。在这场谈判中，马尔嘎尼被逼急眼了，说了一句话：行！我们可以跪，但是你们所有人也必须要向我们女王的头像跪。

　　这时候地方官员就没办法了，下来一道命令：驱逐英使。既然不臣服我天朝，就不见你了。

　　英使马尔嘎尼只能打好行李被卷，准备离开中国，当他们走到北京城门的时候，使者自后追来，告知他们乾隆皇帝可以接见他们，不需要跪，只需要单膝点地，表示对乾隆权力的尊重就够了。这样，马尔嘎尼他们终于见到了乾隆，并且开出了通商条件，这是中国文明跟西方先进文明的第一次碰撞。

　　问题来了：乾隆皇帝不是挺凶的吗，为什么使者不跪他也可以接受呢？诸位可以去查历史书，上面写着说，这英使一开始是非常野蛮，坚决不跪，等见到乾隆陛下的时候，吓得全身颤抖，"扑通"就跪下了。我们的历史是这么记载的。

　　乾隆需要的是一个明君的形象，一个明君的称号，那么所有的坏事由谁来承担？朋友！为朋友两肋插刀都在所不惜，不过就是挨几句骂，小意思。可是有人受不了这个，问刘墉他乐意吗？刘墉肯定不乐意；问纪晓岚他乐意吗？纪晓岚他也不愿意；和珅他愿意吗？和珅他愿意！和珅知道他的上司心里最隐秘的需求，乾隆皇帝要的不是一个能干的人，要的是一个任劳任怨、替他顶雷、替他挨骂的人，所以和珅自从与乾隆产生了近距离接触之后，就义无反顾地扮演了乾隆挡箭牌的角色。而且他的情商智商超高，他不会为一件事当了挡箭牌，就遭人暗算。

　　和珅的情商高于乾隆，他的智商也高于乾隆，这是上司管理学的一个基本要领。如果你的情商低于上司，那你趁早住手。上司管理学的最基本技巧，第一条是你得知道你上司的心理欲求是什么。是欲求不是需求，需求是简单的，但欲求是难以捕捉的。第二条是你的情商必须足够高，至少比你的上司要高，低了是不行的。第三条是你的智商必须足够用。这几条之中，如果差了一条，那么就只存在上司管理你的学问，绝不存在你如何管理上司的技巧。

第九回

第一次亲密接触
林则徐VS义律

　　林则徐被誉为睁开眼睛看世界的第一人，却为什么屡屡遭受失败？鸦片这种毒品，又如何偏偏能在中国大肆风行？林则徐和义律，这一对来自不同文明的禁烟志士，又为何双双失败？西方殖民文化与中华帝国文化的正面交锋，究竟又产生了怎样的化学反应？

大 清 擂 台 上 的 权 力 游 戏

这个"第一次亲密接触",指的是西方殖民文化与中华帝国文化的直面冲突。

上帝在中国的遭遇

这场冲突的缘由可以上溯到明朝第一个来到中国的传教士沙勿略。当时他怀有一腔雄心壮志,要将西方的基督理念推广到中华帝国。他在澳门登陆,然后来到了广州,引发了大面积的骚动,因为那是他们第一次见到洋人。这个沙勿略的形貌太像佛经里的夜叉鬼了,遍体黄毛、金发碧眼、眼窝深陷,怎么看都像一个鬼物,广州城万人围观,竟把沙勿略活活看死了。

沙勿略死,利玛窦生。这个利玛窦是个意大利人。他生在沙勿略死的那一年,好像一种冥冥中的召唤,也许他就是沙勿略的转世也未可知。

在幼年时期,利玛窦就立下了宏愿:要来东方传教。他在明朝时候潜入了中国,化装成各色人等——商人、和尚,什么人他都敢化装,秘密地传播基督教。当时中国人对基督教也并非一无所知,要知道基督教最早传入中国是在唐朝,当时它被称为景教。基督教是一神教,它禁绝偶像崇拜,而中国人还停留在原始崇拜的基础上,对祖宗神像磕头,对孔子庙磕头,

而且山林湖泊到处都有神像，见庙就磕头，这类偶像崇拜是基督教严厉禁止的。

但是利玛窦在传教的时候，原则非常宽松，你爱向谁磕头就向谁磕头，我不管你，你只要相信上帝就行了。利玛窦的目的很明确：只要你信了主，"主话脚前灯"，天长日久你接受了我这个观念，你也就不再进行偶像崇拜了。

利玛窦之后，基督教事业在中国蓬勃发展。到了大明亡国、李自成的流寇冲入北京城的时候，有一名传教士在北京，他就是汤若望。当时流寇要冲入汤若望的家中，汤若望手提钢刀站在门前，把流寇都吓坏了。汤若望长得金发碧眼，这些流寇们杀的都是矮鼻子黄皮肤的中国人，突然见到这个人之后非常惊恐，无法确定他是人还是妖，大伙儿都绕道走。汤若望就这样幸运地活了下来，后来归随了大清帝国。

当基督教在中国蓬勃发展的时候，教士们的内讧也起来了。因为利玛窦的新规矩，导致了几个流派的基督教义非常风行，有一些基督教士就看不下去了，他们就找教皇告状，说现在中国的传教士太不像话了，违背了我们主的意愿，允许中国继续偶像崇拜，这是对主的亵渎，不能再这样下去了。

当时教皇就问：你们说这话啥意思呢？那帮教士就说：很简单，你现在应该给中国皇帝下一道命令，命令中国的基督徒放弃偶像崇拜。教皇就问：这个中国皇帝他会听我的话吗？那帮传教士故意跟教皇说：他会听的，你要知道，现在中国的这个皇帝就是我们传教士立的，他怎么能不听我们的话呢？于是教皇脑袋一热，就给康熙下了道命令，命令康熙停止中国基督教徒的偶像崇拜。当时康熙看了这个命令极为恼怒，心想我还没找这帮蛮夷小洋鬼子的麻烦，他们倒是找上我来了。于是立即下令，驱逐所有的传教士，全部赶到澳门去。这是康熙晚年的第一次禁绝教会。

这一道命令下达之后，各国的传教士就展开了自我营救，其中有个葡萄牙传教士叫穆景远，这个人有政治头脑，他跟康熙的十四子结成了政治联盟，准备保康熙的十四皇子登基，并且为十四皇子设置了一套秘密联系密码。但是最后登基的不是十四子，是四子雍正。雍正登基后，首先把十四阿哥这个与自己异母所生的亲弟弟拘禁起来了，传教士穆景远也因此入狱。

穆景远入狱之后，向他的祖国葡萄牙发出了求救信息，于是葡萄牙就派出了一支营救小分队抵达了澳门。这支营救小分队也没有多少钱，恰好香港当时刚成立了一家银行，由澳门政府担保，从这家银行贷了一笔款。这支传教士队伍就来到了北京，跟马尔嘎尼来华一样，这支传教士队伍也是被要求磕头，传教士队伍断然拒绝。雍正是什么态度呢？雍正竟许可了这些传教士不磕头，而且当雍正接见这些传教士的时候，令在场的所有大臣都目瞪口呆，因为雍正的打扮是头戴假发，脸扑白粉，一撮小假胡子，系着领结，穿着西装皮鞋——假洋鬼子啊！

所以说不要说中国人愚昧，帝王雄踞于智者顶端，他们最早就跟世界接轨了，他们只是希望你继续像原始人进化而已。最后，营救小分队无功而返，穆景远被雍正秘密处死在狱中。

大清最悲催的皇帝

此次事件过后，历史继续向前行进，终于走到了这一天，我们所有历史课本都在提及的鸦片战争，可是关于这场战争的详细过程我们中国人事实上知道的并不多。因为有一个政治帽子扣在了前面，我们是将它称为一次大耻辱的。同样被攻破国门，中国人和日本人对殖民者的态度是完全不同的。我们是百年国耻、警钟长鸣，一直是这样来教育我们的后人。

比我们更晚的日本，最初也一直在闭关锁国，美国海军上将佩里带领一支舰队冲破了日本的封锁，炮击日本，最终打开了日本的国门。日本人是怎么看待这件事的呢？他们至今还给佩里将军立了一尊铜像，他们认为，正是佩里将军打开了他们的国门，让他们走向了世界，所以他们感激不尽。而且从来不认为这是什么耻辱，因为他们对历史的看法是这样的：当时的国家是帝国，臣民只是奴隶而已，不是国家的主人，奴隶主的耻辱不是奴隶的耻辱，恰恰相反，奴隶主的耻辱，有可能是奴隶的解放契机。

这是两个不同的民族对相似的历史进程的两种解读。到了今天，我们必须重新审视我们民族的价值观念。要审视一个价值观念，我们首先要确定这个价值观念的基础与来源。

我们都知道，中华帝国是一个权力帝国。权力的来源是什么？有三个：第一是暴力，这是中国人最熟悉的模式，中华帝国几千年权力的法统来源都是暴力。第二是资本，也就是钱。有钱就有权力，这是中国人所陌生的，而且是极端厌恶的，也是暴力权力的永恒敌人。资本的观念和权力的观念，是完全对冲的，这也是鸦片战争的内在逻辑，为什么会有鸦片战争？因为资本妖魔化，或者权力不允许。那么资本的观念是什么？资本的观念是平等的。刚才说了有钱就有权力，那么平等何在呢？平等的意义就在于，你有一块钱和一个乞丐有一块钱，它们的价值是等同的，这就叫平等。而扩张中的大英帝国所遵循的就是这套资本逻辑。权力的第三种来源是知识和思想，但它仍然是一个美妙的乌托邦，是未来的愿景。

在中华帝国仍然停滞在权力规则的背景下，资本文化漂洋过海侵袭而来，二者必然发生一场冲突。

这场冲突可怜就落在乾隆皇帝的孙子道光头上。说起来道光这个皇帝，也就俩字：悲催！

道光之所以能够成为皇帝，是会党送给他的机会。在嘉庆皇帝的晚年，天理会李文成起事，叛众杀入皇城。这是历史上第一次小规模叛乱杀入皇宫。

叛众进入皇宫后杀向东华门，当时门里的太监把门堵上了，而会党则在门外堆上干柴烧门，还有爬上城楼想要爬进来的。就在此时，乾隆的孙子出马了。有记载说，他是手持一根鸟枪，打死了两名贼人，也有记载说他是手持弹弓，还有更离谱的，说他手持弹弓但没有弹丸，他揪下一颗金纽扣做弹丸。不管是怎么说，总而言之，他在这次军事行动中守护了皇宫，因而获得了一个帝国。

可是此后道光皇帝的主政风格跟他最初的表现完全不同，道光皇帝可以说是一个人格极度不成熟的人，被太监们肆意欺凌，玩得团团转。比方说，道光皇帝有一次想喝一碗面片汤，就吩咐下去说朕要喝碗面片汤，一会儿太监进来了，说：启奏陛下，您要喝碗面片汤，就得设置一个专门的厨房，招收专门的采购人员和专门的会计，这一串专门下来得六千两银子。

道光皇帝听得别扭呀，心想：我就要喝碗面片汤，至于这样吗？于是说：算了，我知道北京城里有个胡同，那有卖面片汤的，你派个太监出去给我买一碗，几钱银子就能买来。太监不高兴地下去了，过了会儿又回来了，报告说：启奏陛下，您说的那家面馆关门了。

这个事件是实实在在记入历史的。有人敢对乾隆这样吗？有人敢对康熙这样吗？没有！他们之所以敢这样对待道光，是因为道光的性格与乾隆、康熙他们完全不同。道光是一种什么性格呢？前面说了，他的性格似乎完全不成熟，他似乎停留在一个孩子阶段。

外面的世界太可怕

事实上，中华帝国文明从文明进程来讲，也正是一个孩子阶段，权力文明对冲资本文明，本身就是要吃大亏的事。在这种必然吃亏的情况下，我们终于迎来了第一个伟人：林则徐。林则徐被称为是第一个睁开眼睛看世界的人。这句话什么意思？就是说所有人都闭着眼睛，都选择性地忽略了关于西方、关于文明的任何信息，他们不是不知道，而是这些事情如东风过马耳，在他们的大脑中没有丝毫地停留，只有林则徐认真地思考了这件事。

这场鸦片战争起始之前，林则徐就已经遭到了群臣的强力狙击。有一次林则徐上报道光皇帝说，有英吉利、葡萄牙等几个国家对我们施加压力，这时候群臣就突然破口大骂起来，说林则徐你这个汉奸，哪有什么英吉利，哪有什么葡萄牙，根本就没这些国家！你撒什么谎、造什么谣你，来吓唬皇帝！林则徐就解释说这些国家确实有，不骗你，真的有，他们还有犀利的火器，但是你们也不要害怕，我们也有我们的武器能够战胜他们。我们的武器是什么？是竹竿。

群臣问：这竹竿有什么用啊？林则徐说：我告诉你们，据我对洋人的研究，洋人的膝盖是直的，他跪不下来，只要咱们拿竹竿照他膝盖上一捅。他就"扑通"倒了。倒了之后他爬不起来，咱们就赢了。

现在听着很可笑吧，但是这是当时帝国最先进的文明见识了。因为林则徐所知的，已经比当时他的同事们高出了很多，至少他承认中华文化已经居于劣势了。尽管他不知道如何对付西洋文化，但他是第一个睁开眼睛看世界的人，在当时他已经是最优秀的了。因为他最优秀，所以被推到了前台，遭遇了他在鸦片战争中的对手义律。

当时的大英帝国，以及葡萄牙、荷兰和其他资本主义国家，都在试图洞穿中国的商业窗口，都想与中国建立通商关系，但它们所有的要求都被阻截在门外。这时候英国的不法商人发现了一个秘密：中国人超爱吸食鸦片。当英国商人带着这个鸦片想卖给别人的时候，谁都知道这是毒品，不会购买，但是中国人会买。

这是为什么呢？因为这是权力之下的自我麻醉。权力文明实际上是一种等级文明，它对人生是彻底否定的，对个人能力、个人努力是彻底否定的。对于中国的下层民众来讲，他屈服在权力之下，一辈子也甭想出头。想经商致富？不允许！想通过知识获得与权力平起平坐的位置？不允许！什么也不允许，就只有死路一条。在这种绝望的心态下，民众只能选择自我麻醉。这就是鸦片在中国大肆风行的一个原因。

在英国方面，早在鸦片流入中国之前，巨大的贸易逆差就已经使英国

无力承担。当时有个英国佬在英国开了一个专卖中国茶的小商店，那里的中国茶叶卖得非常昂贵，是专门给宫里的贵族们用来显摆的。

可是中国茶这个东西它有一个特点：会喝上瘾。

这帮英国人喝了之后还要再买，对中国茶叶的需求量越来越大，大批的英国商人开着船来到中国。乾隆年间的洪仁辉上访，就是来中国买茶的。这些英国商人买了茶叶之后再运回去，大发其财。在这过程中，英国的白银哗哗地流向中国，英国人接受不了这么大的贸易逆差。于是英国人就要求中国打开国门，出口他们的一些商品到中国，缩小贸易逆差，达到贸易平衡。

但是正如我们所知，这个建议被乾隆皇帝彻底否定！正是在这种背景之下，权力文化与金钱文化不对等的对冲导致了一种最肮脏的规则发生，这就是鸦片规则。

两个禁烟志士的冲突

当鸦片流入中国的时候，中国有识之士痛心疾首，因为它在残害我们的国民。与此同时，这些不法商人的行为在英国也受到了一些人的抨击，义律就是抨击不法商人最得力的一个。他给女王写信说，我们的鸦片贸易是帝国的耻辱，我们将永生地担负着这种耻辱。为了帝国的荣誉，为了我们每一个人的荣誉，我们必须考虑取消对中国的鸦片贸易。

当时维多利亚女皇一看，发现是一个优秀的年轻人义律写的。他希望取消对中国的鸦片恢复帝国的荣誉，让英国人不再是那种毒贩子形象，而是一个堂堂正正的绅士形象。既然如此，那么这项工作就由义律来完成吧，于是女皇便派义律去了中国。

就这样，义律漂洋过海来到了中国，并且遇到了第一个睁开眼睛看世界的中国人林则徐。

一开始，两个人的合作非常默契。林则徐要求英商交出鸦片，义律对此无条件支持。当然所有交出鸦片的商人都是有补偿的，这一点很少被提及，但是这个细节无关紧要。重要的是，当虎门销烟发生之后，林则徐跟义律的第一次冲突就发生了。

虎门销烟之后林则徐就递给义律一份文书说，你签个字，义律说这是个什么东西你让我签字？林则徐说，这是你保证英国不再向我们中国倾销鸦片这种毒品的保证书。义律说这个东西我无法签字啊。林则徐说你这个态度不对了，你是代表英国来的，代表你们女皇来的，你怎么能不做这个保证呢？难道你还要放纵你们国家的不法商人吗？义律说你听我给你解释，在我们英国，每个人都是独立的，我被女皇授命，全权处理鸦片事务，但是我无权代表任何人，不管他是合法的商人还是不合法的商人。如果你我之间达成协议，签约也只能是代表我一个人签，在我的职责范围之内签，凡是超出我的管辖范围的，凡是涉及别人的，都是无效的。林则徐一听说：荒唐，你堂堂的英使代表，代表不了英国人算什么代表？

这是两个人的第一次冲突，就此埋下了不和的种子。

紧接着，在九龙爆发了一起事件，英国商人跟中国的本土人发生了冲突。关于这次事件也有许多不同的版本，事件的过程是无关紧要的，重要的是当事情发生之后，林则徐跟义律就彻底翻了脸。林则徐要求义律交出

凶手，以正国法。义律说不是我不交，首先你这个用词就错的，什么叫凶手？他最多是个犯罪嫌疑人。而且我把人交给你，律师呢？你必须听犯罪嫌疑人的辩护。

林则徐一听说：你有没有搞错？律师在我们这儿叫恶讼师，属于该严格取缔、不允许的。义律一听说：不行，林则徐你脑壳里的东西实在是落后时代太远了，虽然你第一个睁开眼睛看世界，但是你离世界的距离并不比你这个民族近多少，这些人犯我不能交给你，因为你们会用私刑。

于是义律自己搞了个法庭，给罪犯请了律师，最后判了六个黑人，而且把这六个黑人送回英国去监禁。

此次事件，引起了道光皇帝的勃然大怒，他立即下令对英国人开战。这就是权力的政治，皇帝想开战就开战，尽管事前没有任何战争准备，也没有任何战争动员，更没有什么计划，一切都没有。在宣布对英国开战之后，大批的英国商人逃回国内，义律也因为没搞明白这件事，遭到了维多利亚女皇的严厉斥骂，维多利亚女皇说义律是一个想尽各种办法缩短自己任期的人，意思是说他无法处理好跟林则徐的关系。

一场可笑的战争

当林则徐跟义律这对难兄难弟的纠纷告一段落之后，两个帝国的冲突开始加剧。在一些电视剧和电影中都能看到，当鸦片战争开始的时候，中国皇帝这么轻率的一声"开战"就完事了。英国那边是怎么做的？维多利亚女皇跳上马车，直奔国会，做长篇演讲：女士们先生们，现在中华帝国驱逐了我们的商人，悍然断绝了我们的贸易，公然对我们做出了挑衅的战争态势，我们必须要教训教训这些原始人！我现在要求对中国开战！我要求国会授权！

国会当时就乱成一团，打起来了。为什么呢？一派人认为，对中国这种老顽固，就该打；还有另一派人士认为，战争是不人道的、是残暴的，尤其对中华文明古国这样的国家动武，那更是容易引起世界非议的，不能打。

双方吵了三天两夜，最后发起投票，结果以微弱的优势通过了对中国战争的决议。一旦决议通过，那就要启动国家全部的战争资源，全力以赴地对付中华帝国。

猜猜这时候古中华帝国干什么呢？它完全不知道战争已经开始了，尽管它已经宣战了，但它宣战完之后把门一关，就以为完事了。英国的舰队绕过马六甲海峡直奔中国海面，到达之后跟义律见面，说战争开始了，第一件事就是把这个宣战书给中国送去，宣战书不送到，不能开枪、不能开炮，我们是绅士，必须要严格依照战争规律来。

当时义律一听就哭了，他说你们不了解中国人，送宣战书这个事我可以跟你打赌，这个任务绝对完不成。可是没人信他，英国将领就派了艘小船要把宣战书送过去。这船走到半路、快接近中国海岸的时候，中国水师开炮，打得小船调头逃跑。英国将领们全困惑了：中国人还没给我们送战书，怎么就冲我们开炮啊？

第一次没送成，那就换个地方再送。这儿有炮台，那就往没炮台的地方送。结果这次碰到的是水勇，全是鱼叉，奔着船就飞过来了，还是靠不

了岸。最后这些英国人全傻了，坐在甲板上说这可怎么办啊，宣战书送不到怎么开战，没法打啊！送不到难道我们要回去吗？

这时候义律给出了个损主意：告诉你们个绝招吧，咱们弄一个漂流瓶，把宣战书塞进去盖上盖儿，扔到海里让它漂吧，我不信它过五百年漂不到中国。大家一听，这是个好主意，就这么干了，把宣战书塞到漂流瓶扔到海里，然后开始对中国正式发动战争。

战争在持续，英国人持的是火枪，他们已经进入了火器时代，中国军事则仍然处在冷兵器时代。有一场比较典型的战争，是民族英雄关天培独守虎门炮台壮烈殉国。关天培的事迹，在一部老电影《鸦片战争》中有所反映，但是它过滤掉了战争的细节。

这个细节就是，当英国兵舰抵近炮台的时候，关天培下了一道命令：所有的炮勇起来，给我排成一队，看到那边有一座山没有？给我绕着山跑！大伙儿都很困惑：为什么要绕着山跑？关天培说：我们炮台就这么几个守兵，能震慑住英国人吗？我们这叫疑兵之计。我们人数虽然少，但是我们不断地绕着山跑过去，让英国人看到我们部队源源不断而来，就会吓得他们不战自退。

这招还真把英国人吓住了，英国人在远处拿望远镜一看，他们不开炮也不说迎战，围着山跑什么呢？这中国人有毛病吧，打两炮试试。结果两炮过来，民族英雄关天培壮烈殉国了。

听起来很可笑，但是，这就是传统文化跟现代文明的冲突，关天培的死标志着传统文化的没落，他仍套用诸葛亮时代的兵法来解读当时的现实。

为什么都失败了

同样面临着困境的是林则徐，此时他需要得到有志之士的帮助。当时的清帝国谁是有志之士？龚自珍。中英双方的战事正在激烈，龚自珍则聚集着一帮人破口大骂：无能！窝囊废！这时候林则徐来了，他对龚自珍说，你说得不错，我们是无能，我们是窝囊废，我们是无法打过英国人，但是我们时代是错的，我们不知道我们面对的是什么人，我们不知道我们身处在什么时代，我们甚至连我们的对手是谁，操持什么样的理念，有些什么想法，都一无所知。在这过程中，唯一正确的人就是你龚自珍，因为你不做事，你只负责坐在旁边大批判，你永远正确，别人永远错误。但是我告诉你龚自珍，如果你只把自己放在一个批评者的角度，而不考虑脚踏实地地为这个民族做点事情的话，那么你可就危险了。即使你没有什么问题，恐怕你家的子孙后代也难免会出汉奸。

林则徐的话后来就应验了，到了咸丰年间，英法联军进入北京城，是谁为他们领路？龚自珍的后人龚半伦。

现在看历史书说鸦片战争是百年耻辱，但是在战争当时并不是耻辱，而是捷报频传。

首先宁波驻军报道，他们抓住了维多利亚女皇的妹妹。只有林则徐知道这是瞎忽悠，最多是抓来了一个英国擦皮鞋的老大娘，无非就是忽悠大伙，谁也不知道真假而已。林则徐知道凭中华帝国的力量是无法抗拒英国的，他想到了一个办法，叫全民皆兵。他贴出告示：凡我中华帝国国民，有活捉一名白人者赏多少银子，杀死一名白人者赏多少银子，活捉或杀死

一名黑人者又赏多少银子。这个告示一出，世界各国跟林则徐有联系的，包括义律，都一起拍电报大骂林则徐：你脑子有毛病啊，你为什么要战争？战争是为了保护人的性命，你现在居然以消灭人的性命为目标，你是不是脑子进水了！

林则徐被骂得昏头涨脑的，说：我哪知道这个事啊，自古以来战争都是以杀人为目的，没听说是以保护生命为目的，跟你们说不清。

说不清，那么战争也就无法再打下去。鸦片战争的结果众所周知，签订《穿鼻草约》，把香港给了英国。与此同时，战争的失败导致政敌对林则徐的政治报复，他被流放新疆。就在林则徐被流放新疆去挖河泥的时候，义律也遭到了英帝国的弹劾，被流放到北美，到一个办事处当了一个小科员，他的政治生命到此完结。为什么义律这么悲惨？因为他没有处理好与中国的关系。

这是两种文明的冲突，一种是权力文明，一种是资本文明。权力文明的规则是否定人的能力，否定人的努力，完全以社会等级鉴定高下——你生下来是个贱民，就一辈子是个贱民，你想通过读书或者通过财富改变命运，那么你就随时有可能遭到社会的报复。而资本文明则是一种平等的文明，为什么它是平等的文明？因为它要做生意，它必须保证一种平等状态，生意才能交易，不平等这生意没法做。这场文化的冲突，隐含的是我们中国历史将近三千多年来的一个文化失败，即权力文化的失败。在权力文化下，中国人绝大多数都已经成为了权力动物。

林则徐是第一个睁开眼睛看世界的中国人，可是他看不清楚，为什么他看不清楚？他清醒中国处在权力文化的氛围之中，但他对世界的解读仍然是权力文化模式的。他的对手义律呢？义律清醒英国处在资本文化的氛围中，他对中国的解读是资本文化的。这两种解读必定会发生冲突，比如说面对九龙杀人案，林则徐准备按照中国官府过堂的规矩，把案犯带来问招不招，不招三百大板，打半死看还招不招，但这个观念对义律来讲是无法接受的。鸦片战争的枪炮声决定的是权力说话还是资本说话，这里面有两个选择：一个是最坏的，一个是更坏的。最坏的就是资本文化，就是人欲横流道德败坏。更坏的就是权力文化，它窒息人的灵性，窒息人的才干，窒息人的努力精神，让人无可奈何地屈尊于鸦片毒品生活，生存没有任何希望。资本文化，无论怎么肮脏，多么腐败，则仍然透给人一线生机。

这一次文化冲突中，林则徐所坚守的是一种传统的中华帝国对世界的古老解读，而义律所要做的，就是用新兴的资本文化对中国进行重新整合。这两种观念并不是始自他们，在更早时间，从沙勿略时代就开始了，而且到现在仍然未能结束。什么时候我们能够睁开眼正视这一段历史？未必像日本人那样为佩里上将立一个铜像，但如果我们能以平和的心态，从一个积极、发展、进步的意义上来解读鸦片战争，那么我们这个民族也就开始走向了成熟。

第十回

奇怪的宗教战争
曾国藩 VS 洪秀全

　　洪秀全这个十七次科举落第的书生，为何能成为一代宗教战争的领袖，甚至在天京登上帝位？一代儒家智慧之花曾国藩的横空出世，给洪秀全带来怎样的毁灭性打击？在两人的交锋过程中，又能看出怎样强烈的性格反差？这种反差带来的是完全不同的命运结果。原本在平行线上的两个人，如何走入命运交集区的？

大　清　擂　台　上　的　权　力　游　戏

　　有人说中华民族是一个缺乏信仰的民族，也有人说中华民族是一个多信仰的民族，至少在我们历史上很少出现像欧洲那样规模宏大的宗教战争。其实我们也有宗教战争，只是它们被淹没在名目繁多的政治口号之下，被人忽略了。

　　比如洪秀全领导的太平天国，就是一次典型的宗教战争。说起洪秀全这个人，也堪称大名鼎鼎，他领导了距离我们很近的一次大规模军事武装暴动。但是，洪秀全实际上并非他的原名，他的原名叫洪火秀，后来他认为自己要成为人王，所以把人和王加起来成了个"全"字，改名为洪秀全。那么，洪火秀究竟何许人也？他为什么能够做成这么一件惊天动地的大事？我们先来追溯一下他的个人成长经历。

被科考逼"疯"了的洪火秀

　　洪火秀原本是一个非常聪明、非常有智慧的书生，是一名秀才。自古道华山一条路，在中国要想出人头地，也就一条路：科举考试。不走科举，不考试，不当官，你是无法实现自己的政治抱负的。所以洪火秀就开始了他的漫长的科考生涯，他考了一年没有考上，再考一年也没有考上，眨眼工夫

考了十年，还是没有考上。他没有泄气，继续考，考到第十七年仍然是名落孙山。就在这一年去广东赶考的时候，他遇到一个传教士叫梁阿发，塞给他一本小册子，洪火秀也没看这个小册子是什么内容，就随身揣上了。

第十七次落榜之后洪火秀回到家就病倒了，既悲愤又绝望。胸有大才，却始终无法通过考试，达不成自己的目标，他的人生只能宣告失败。他很悲伤，接受不了这个现实，于是病情一天比一天重。终于有一天，他把父亲和两个哥哥都叫到身边，哭着说：父亲、哥哥，你们对我的恩情我是无以回报了，我的志愿这一生也完不成了，就让我来生再给你们做牛做马吧，这辈子我是没希望了。说完这句话，洪火秀就死了。

家人悲伤之余，开始为他守灵，准备七天过后将他安葬。到了第七天，正准备下葬的时候，洪火秀突然坐起来了，把全家人吓了一跳。洪火秀坐起来之后，神态就完全不一样，精神抖擞地对家人说出了一番话。他说：父亲，我刚才确确实实死了，当我闭上眼睛之后，我的一缕魂魄溢出身体，这时候前面来了一条龙、一只虎和一只大公鸡，这三个奇怪的动物结伴而来，引领我到了天庭。天庭上有一个老夫人，见到我之后就流泪说，让你不要跟世人玩弄，弄脏了自己。接着我继续往前走，这时候前面出现一个富丽堂皇的金殿，好多人聚集在那里，正在责骂一个穿着黑色道袍的老人。那老人满脸悲泣，眼含着热泪望着这些人，只是不说话。我过去之后，老人把我带到一边，流泪说，你看外面这些人，他们都是我生我养，他们吃的是我的饭，穿的是我的衣，可是他们却不尊重我，你千万不要跟他们学，要保持自己身体的清白。说完这句话，道袍老人拿出一柄剑，剖开了我的肚子，取出了我的心肝，给我换了一副，然后叮嘱我说：你要保全自己，不要跟世人玩弄，弄脏自己。于是我就回来了（可参阅史景迁：《太平天国》，广西师范大学出版社 2011 年 9 月，第 67 页）。

洪火秀讲完这个过程之后，他的父亲和他两个哥哥都弄明白了：这孩子连续十几年科举落榜，受刺激过于严重，疯了。

洪火秀疯了的消息很快传开了，村民们蜂拥而来，都来看疯子，来了之后就故意逗洪火秀讲这段故事，洪火秀就一字不差地从头到尾讲一遍，讲完了全村人就哈哈大笑。这时候洪火秀的父亲就觉得很难堪，因为家里出了个疯子，当然不愿意让人这样来羞辱他，于是把他锁在屋子里，让他两个哥哥轮流看守。忽然有一天，他的一个哥哥从外边回来，发现门被撬开了，进屋一看，疯弟弟跑了。跑了就跑了吧，贴一张寻人启事也就完了。转眼八年过去了，他们终于得到跑掉了的疯弟弟的消息。这时候的洪火秀已经不再叫洪火秀，而是叫洪秀全，他已经在天京登基，自称天王，要接他的父亲哥哥们去享福。

这时候他的父亲忍不住要问一句：到底是我儿子疯了还是全地球人都疯了？如果是我儿子疯了，怎么这么多人会追随他？可是他如果没疯，他说的那些话不是正常人说的啊！

注意这句话——他说的那些话不是正常人会说的——它隐含着洪火秀八年成功的秘密。

洪火秀的艰辛创业路

洪火秀离家出走之后，去了什么地方呢？其实他只逃到了离他家不远

的一个地方，因为无衣无食，他就求职去当一名私塾老师，想做教书先生。由于当时他没有流露出自己精神失常的症状，他成功地谋到了这个职业，每天在课堂上给学生们讲课。一天，他正在讲课，他的一个表弟来了，进到他屋里随手一翻，突然发现了广东传教士梁阿发给洪火秀的那本小册子。他表弟便说这个小册子里面讲了个上帝，讲了个耶和华，讲了个耶稣，这故事挺好玩。直到这时候，洪火秀才拿起这个册子翻翻，看看里头写的是啥。这一翻，洪火秀如受雷击，他一下明白了：我死之后在天庭上见到的那个道袍老人不是别人，正是上帝耶和华！原来我不是凡人，我是耶稣的弟弟，我是耶弟！

明白了自己的身份之后，洪火秀就立即出门，敲开了邻居家的门。这个邻居也是一个屡次参加科举却考不上的不第书生、落第秀才，他叫冯云山。洪火秀把门敲开，冯云山出来问有什么事。洪火秀说你知道我叫什么吗？其实我不叫洪火秀，我是耶稣的弟弟，我是耶弟！你快点膜拜我吧！

冯云山一看，对头！我正要找这么一个人，这个人必须神志不正常，然后我打着他的旗号，去号召民众。当时冯云山立即拜倒：师傅在上请受徒儿一拜！于是洪火秀就收了他的第一名弟子，然后他带着冯云山又去找他的一个表弟，叫洪仁玕。就这样，洪火秀创业的第一年，收了两个弟子，他便带着两个弟子开始传教了。

整个传教的过程就是告诉所有人，我洪火秀是耶稣的弟弟，快来信奉我吧，把你的钱给我。但是传教非常不顺利，谁也不信。这时候冯云山就出了一个主意，说我们去广西深山吧，去找那些少数民族。那些少数民族新近闹了几次群体事件，对朝廷有意见，我们去那儿肯定能干出一番事业。

于是洪火秀就带着他两个弟子奔赴广西深山，到了地方之后才发现不对。为什么那些少数民族闹事呢？因为他们不会说汉语，无法与中土文化相融合。这个时候冯云山就离开了他，仅仅到了创业的第二年，他就剩下一个弟子了。

到了第三年，洪火秀的身边还是只有洪仁玕，此时他才发现这个路头不对，这么下去不行，必须要去找组织。找基督教会，去广州找基督教会！

于是他们赶到了广州，找到了基督教堂，也找到了一个传教士。那名传教士一看洪火秀是信奉耶稣的，就答应说我可以安排替你洗礼，以后你就做主的信徒吧。事情就这样安排好了。

可是传教士把这件事情交给了自己一个姓黄的助手来办，那个姓黄的助手一看洪火秀，有了私心，心想如果我让他来到教堂，以后就没我的容身之地了，不行，得想办法把他赶走！

于是这个姓黄的就骗洪火秀说，教会有规定，凡接受洗礼的，都会给一笔钱，具体多少钱你去问传教士。洪火秀就傻傻地去找传教士了，问：我受洗礼，你给我多少钱？这个传教士一听，上帝啊，惩罚这些恶人吧！你信主你还要钱，有这么信主的吗？于是传教士就放弃了对洪火秀的洗礼。

这件事成了欧洲传教士的一个奇耻大辱，后来这个传教士挨了无数人的骂：你要当时给他洗了礼，那基督教义就在中国扎根了，你怎么就把他给放弃了呢。可那个时候哪知道后来发生的那些事呢。

传教士不再给洪火秀洗礼，洪火秀带着洪仁玕待在广州也无所事事，就这样，几个星期之后，钱也花完了。洪火秀就跟弟子洪仁玕说：要不我

们回老家？洪仁玕说，你要回去你自己回去吧，我也看透你了，你就是个瞎忽悠的骗子，我不回了，就在广州给人家干干粗活、扛着沙包什么，总之找个活干。

洪仁玕也离开了洪火秀。

我是耶弟！我是天王！

创业第一年，收两个弟子，第二年还是两个弟子，第三年剩一个弟子，到了第四年，洪火秀又是孤零零的一个人。他极度失望伤心地回到了家乡，在那儿无所事事。又是一年过去了。就在创业第五年，他忽然听到了大弟子冯云山的消息，听说冯云山替他招了三千弟子。洪火秀很是吃惊，急忙赶过去，到那儿一看，还真是这样。他走在路上，络绎不绝的信徒就迎上来了，跪在那儿，沿途跪倒恭迎洪火秀，史称迎主。

当时洪火秀一看，心想，人生事业就这么开始吗？这也太容易了吧？没错，就是这么容易！从创业第五年开始，每一年他的弟子就增长十倍，从三千人增加到三万人。当他拥有三万人的时候，地方的官兵已经赶来镇压，而当时洪火秀正带着几个人去游说一个大财主胡以晃，希望能让他也加入组织。正忽悠得高兴的时候，官兵李段员带人来了，胡以晃立即派出家丁迎战，将官兵击退。但是官兵也将他们团团围住了，想把洪火秀困死在里边。这个时候，胡以晃找来一个家丁，发髻上藏了密信，去寻找洪火秀的信徒。于是在洪火秀的信徒里发起了一场迎主之战，三万多信徒抛家舍业，拎着锄头菜刀前来保护洪火秀。一战而成天下，这一年他拥有三万人，次年他已经拥有三十万之众。此后这三十万之众横穿两湖，直贯两湘，洪火秀已经坐拥了东南的天下，跟清廷分庭抗礼了。

洪秀全建立的国号，历史课本上总是称为太平天国，其实不对，他的国号全称是"天父天兄天王太平天国"，前面的六个字省略不得，这六个字是关于所有权的主张。太平天国是谁的？是天父耶和华的，是天兄耶稣的，是天王洪秀全的，跟任何一个老百姓都无关。有关无关先甭管，但是他已经成立了一个空前强大的神权帝国，这一帝国已经跟清帝国形成了一个最基本的对峙。而且当时清帝国正是咸丰皇帝执政，整个国家趋于崩溃的边缘，无力与之对抗。

天王洪秀全为什么成功得那么快？他认为他是耶稣的弟弟，是耶和华的小儿子，难道就凭这一点，他就能成功吗？真正的成功的秘密，不是来自于洪秀全，而是来自于他的手下，一个名叫杨秀清的人。

前面说他的大弟子冯云山逃走之后，给他招了三千弟子，就是杨秀清他们这伙人。这伙人一直在想着闹事，想着搞一起群体事件，但是他们缺乏领袖，这个时候冯云山来告诉他们：耶稣的弟弟下凡了。这帮人一看说正好，以后就喊这个政治口号吧。从此，他们虽然谁也没见过洪秀全，但都奉着洪秀全的口号开始行动。当洪秀全来了之后，他就被他们奉为天王了。但是，即使他有三十万人，要想在短短的三年内席卷天下，还必须要有一个绝妙的成功窍门，没有这个窍门是做不到的。这个窍门就是杨秀清提供的，如果把这个窍门翻译成现代语言的话，那就是要组织重建。

什么叫组织重建？现代社会学中有一条规律，叫组织就是一切，意思是说，社会组织的结构决定了它自身的规律，社会组织的权力结构决定了

每个人在其中的位置。太平天国史书上又称洪杨之乱，此二人者能割据天下，正源于他们的组织重建。

这两人将什么组织进行了重建呢？家庭。中国有句老话叫家国天下，整个社会都是以家庭为单元的，每一栋房子居住着一家，有父母、有妻子、有老人、有孩子，通过血缘关系的延伸构筑成了一个经济单元、一个社会单元。家是每一个人的生存堡垒，孩子在父母身边获得安全，父母在孩子身上看到希望。但是，这种社会结构不是洪秀全所喜欢的，洪秀全认为这种结构是错误的。

那么他认为正确的结构是怎样的呢？他认为没有什么兄弟父母这些，也没有什么妻子的说法，只有兄弟姐妹。所以洪秀全按照兄弟姐妹这个结构来重建社会，每攻下一城，就命令所有的居民都去报到，男子要入男营，女子要入女营，小孩要入童子营。他把每一家拆开，根据年龄和性别，进行重新组织。这样组织之后，就形成了一种精密的作战团体，无论有多少家人，女人都留在洪秀全的身边，老人则服侍他，而年轻力壮的，必须上前线去杀敌，甭管敌人跟你有关系没关系，即使他不是你的敌人你也必须杀。因为你的父母在洪秀全身边，你的妻子在洪秀全身边，如果你不替洪秀全去杀清兵，那么洪秀全可就拿你的妻子、孩子、父母下手了。

他把每一家的老人、孩子、妇女都视为人质，把年轻人都送上战场，这是洪秀全早期的战术。这种战术是空前的恐怖，恐怖到什么程度了？所有的人在战场上都奋不顾身。为什么不顾性命？你死了，你留在后方的妻子孩子有可能得到一个好的待遇，而如果你稍有退缩，太平天国的惩罚措施是非常恐怖的，点天灯是太平天国最喜欢干的事情。正是因为将每一个独立的社会单元拆散进行重组，洪秀全的太平天国建立了一种全新的社会组织。在这个组织里，儿子要管父亲叫哥，女儿要管母亲叫姐，所有的人都奉洪天王号令，成为他的奴隶，这样他就获得了空前强大的战斗力。

史书上曾经记载过一次战役，太平军这边出战的全是年轻妇女，而且一个个悍不畏死、不顾性命，对于儒家学者来讲，是无法理解这一现象的，而且儒家学者痛恨摧毁家庭结构这一无耻的做法。要知道，每一个人在这个世界上都很孤单，只有在家庭中才能获得保护，获得安全感。可是洪秀全的组织重建把你的家庭摧毁了，你从此再也没了安全感，你身世飘零，活一天就得替洪秀全攻城略地一天，死了就算幸运。

读个破书需要六代人

洪火秀成功了。从社会规律和历史规律上看，已经无人能与他形成抗衡了，但是偏偏在这个时候，中华儒家文化的千年俊杰之士曾国藩又横空出世了。在中国历史上，有无数次的通过宗教搞群体事件，基本上每一次都被儒家文化击溃，这一次也不例外。

当我们说洪火秀连续科举考不中很痛苦的时候，他的痛苦远远比不了曾家这六代人。曾家第一代人是曾贞祯，他原先是江西人，大明立国之初天下之乱，他就迁徙到了湖南。曾家世代务农，到了曾贞祯这一代之后，他把家业治理得有模有样，有点钱，这时候他就考虑了：不行，我们曾家不能世世代代的只是务农，一定要读书，要光大门楣。于是曾贞祯就把儿子曾尚庭叫过来，谆谆教诲道：孩子，你要光大门楣，要光宗耀祖，今天

交给你个任务，以后给我好好读书。

　　这曾尚庭拿起书本一看眼睛就闭上了，这些字认得我，我不认得它，可这是老爹交代的任务，不得不读，有没有什么招呢？有了，我赶紧娶个老婆生个孩子，把这个任务交给下一代。于是曾尚庭娶妻生子，名曾衍胜。他交代曾衍胜：孩子，你要牢记你爷爷的教导，要读书，要读出个名堂来。曾衍胜拿书本一看，拜托，你给我点儿别的活吧！这书我还真看不懂。于是曾衍胜也很快娶妻生子，生下一个曾玉屏。到了曾衍胜这一代已经三代人了，都没有读出名堂来，曾衍胜非常痛苦，对儿子曾玉屏教育得很严肃：你无论如何都要读出名堂来。

　　曾玉屏打开书一看，心想估计我这辈子读出名堂来是够呛了，一气之下他把书本一摔，花钱买了一匹马骑着离家出走了。去什么地方呢？他来到了衡阳，每天混在街头，跟一帮地痞流氓在一块儿打架斗殴，连续过了这么几年浪荡的生活。有一天他正在街头蜷缩着睡觉，忽然之间有一个人走近他身边，当时他睡得迷迷糊糊的。那个人说：你还知道你是谁吗？你还知道你身负的家庭使命吗？你还要这么放纵你自己吗？记住，一个人要想在社会上做出点事业，不扎扎实实干，像你现在这样游手好闲，是绝对不行的。说完这话，这个神秘人就走了。

　　这个人是谁？曾家几代人去找，都没找着。曾玉屏从梦中醒来之后，出了一身的冷汗，开始自我反省：我对不起曾家，到我这儿已经四代人了，读书都没读出名堂来，不行，我要悔过自新，我一定要教育自己的后代好好读书。他是知道自己读不出来什么名堂的。

　　于是曾玉屏就把那匹马卖掉，步行返回老家，开始治理家业，生下儿子曾麟书。他对儿子说：如果你这辈子不给我读书读出名堂来，我不认你这个儿子。曾麟书可怜呐，只得眼泪汪汪地开始读，但他真的读不下去。可是读不下去他爹不干，便打他。

就在这种痛苦绝望的挣扎当中，曾麟书度过了他的一半人生，终于迎来了他生命的辉煌时刻——他考中了童生。童生类似于现在的初中毕业。四十多岁了才考个童生，丢人呐，没脸见人。而且考童生的时候跟他同期中榜的旁边有个小孩儿，刚十几岁，曾麟书往旁边一看，看到小孩的名字就乐了——曾涤生。我跟我儿子同时中榜了，我是没读出名堂来，要是我儿子读出名堂来了，我们家六代人也算有一个读书的了。

于是曾涤生就成了全家人的希望，带着钱去京城参加殿试，希望能考中状元。结果没有考中，名落孙山。落第之后，他花尽身上所有的钱，买了一套二十三史——那时候清史还没出来。曾涤生带着这套书回来了，之后就开始硬着头皮继续看书备考，又过了几年再进京赶考，竟然中榜了！这下曾家人乐昏了，六代人终于熬出一个读书人。

考中了进士后，曾涤生就留在翰林院做了一名庶吉士。这时候他已经算是京官了，庶吉士的政治待遇是相当之高的，高到什么程度呢？如果你考中了庶吉士，每三年就会有一次大考，考好了直接进翰林院，考不好也有一个县官做，就算你成绩再差，也可以做个县太爷。所以这些庶吉士们精神压力也很小，再学再考，完全是凭个人兴趣了。但曾涤生在京城，上没有支撑下没有根，就他一个人，如果他想在朝廷干出一番事业来，只能依赖他自己。可依赖自己还不行，能力不够，他必须巴结有权势的人。幸好，这些翰林院庶吉士的才学都很高，他找到了当时的理学大师倭仁——

这个倭仁是当时修养非常高的一个人，曾涤生就请倭仁来指导他的学业。

倭仁见了他说：你这个名字好怪异，曾涤生是啥意思？

曾涤生说：我这个名字是来自一句话，此前种种譬如昨日死，此后种种譬如今日生，所以我起个名叫曾涤生，荡涤我的心灵，让我新生。

倭仁说：不行，你这个名字太怪了，这种名字即使能让人记住，叫起来也很拗口，我给你改个名，就叫曾国藩吧。

于是，儒家学者曾国藩就这样横空出世了。

发财不成的曾国藩

当曾国藩在京城读书的时候，洪秀全正以雷霆之势席卷天下。当洪秀全割据天下的时候，曾国藩又在干什么呢？他正在修身。在曾国藩的家书、日记和奏折中，他叙述了他在北京城一段非常痛苦的生活。他每天反思自己：今天上街看到人多很热闹，我过去看，这是不对的，要批评；那天看到一个美女，动心了，这也是不对的，我是禽兽。

为什么这么做呢？因为他要巴结倭仁。除了修身、否定自我人格的痛苦之外，曾国藩还面临着另一个痛苦：生活的贫困。按说京城的消费并不高，可是曾国藩却早早地成了家，有了孩子，家庭的负担让他无力支撑。

就在这时候，他终于时来运转，被派往四川监考。到了四川，曾国藩立即大笔大笔地收取贿赂，共收了一千两银子。有了这一千两银子之后，六百两用来还债，四百两送给亲友，总算挣回来一点面子。随后曾国藩回到了朝廷，继续努力工作，这个时候他的过人才干便开始显露出来了。

　　大清帝国一共有六个部：户部、兵部、礼部、工部、吏部、刑部，当时的咸丰皇帝，给了曾国藩五个部门的侍郎职位，六大部委他一个人就兼任了五个部委的工作，但他的工资是最低的礼部的工资。咸丰皇帝这个老板也很抠。曾国藩头几年还咬牙顶住，心想我这么努力表现，一个人把几乎整个朝廷的活干下来了，皇帝该给我点奖金吧！可没那好事，你越能吃苦，咸丰皇帝就越给你加码，奖金这事你就甭想了。

　　几年之后曾国藩终于毛了，他每干一年都欠一笔银子，此时已经负债累累。他等于是一个人把整个朝廷扛起来了，可不但工资极低而且没有奖金。于是曾国藩上了奏章，大骂咸丰皇帝，说咸丰皇帝不地道。咸丰皇帝勃然大怒，甚至动了杀心，要杀曾国藩。但皇帝身边的大臣还是很明白事理的，赶紧给皇帝磕头说，恭喜陛下，因为您是明君，所以这曾国藩才敢这么说话，如果您是昏君，打死他也不敢这么说话。大臣的一番劝说，算是保住了曾国藩的性命。

　　这时候咸丰皇帝也知道自己太过分了，不能鞭打快牛，曾国藩既然愿意干，那就应该多发点奖金。不过国库也没钱发，所以就只有一个办法了——外放，让他捞钱去。于是曾国藩又获得了一次外放的机会，去江西主考。

　　但曾国藩是命中注定发不了大财的。他还没到江西，母亲就死了，他得回去守丧丁忧。这个时候，洪杨之乱也已经蔓延到他的家乡湖南。咸丰皇帝急忙下令曾国藩说，丁忧的事先放一放，先国后家，你回家乡组建地方团练，给我把这个太平天国洪秀全摆平再说。

　　这个任务可就重了，要摆平太平天国，摆平洪秀全建立的空前强大的

一个神权帝国，普通的能力是不行的，一定要有人生的大智慧。曾国藩虽不缺这个大智慧，可在实践中履行并不是那么简单。

所以在曾国藩和洪秀全这两人的交锋过程中，他们不同的性格，不同的修身方法，不同的看待世界的视角，都构成了一个强烈的反差。

我不想当圣人，我想要美女

洪秀全定都天京之后，他的天王府从里到外只有一个男人，就是洪秀全自己。洪秀全不允许任何一个男人走近他的身边，就连所有的卫士也全是女的。因为女人的天性都是忠诚的，而男人是具有野心的。但洪秀全对女人的惩罚也是非常残酷的，他有"十该打"，例如哪个女的抬头看他一眼，就要打一顿，还有什么神气不纯净、脾气有点大、神色不够恭敬，等等，都构成了挨打的理由。换句话说，洪秀全每天的生活，就是独居深宫打这些女孩子玩儿。

他的这个怪性格也可能跟他的伙食有关。据后来洪秀全被俘虏的儿子交代说，洪秀全吃东西很怪，他既不喜欢吃北方的面，也不喜欢吃南方的米，他喜欢吃大蜈蚣。洪秀全命人到处抓蜈蚣，抓来之后用油炸了给他当饭吃，天天吃这种怪东西对一个人的气质或许也会有影响吧。

洪秀全在本质上是一个不尊重女性的人，而曾国藩的人生命运又是另一种。我们知道曾国藩被许多人称为圣人，但是在这个圣人背后其实隐藏了一堆血泪。很久以前，曾国藩就希望能有一个温柔的女孩子陪伴他，在与洪秀全对峙时，曾国藩委婉地向他的部下表达了这个心愿，希望能找个温柔点的、漂亮点的女子。

他的部下就去替他找了，找来了之后，请他去看看。据曾国藩的日记记载，当他看了之后，当即勃然大怒、大发雷霆。为什么呢？部下给他找了一个肥妹，可他不要肥妹呀！最后大家终于弄明白了：原来曾圣人想找个美女。男人想找美女也是正常，后来部下便给他物色到了一个陈姓美女。陈氏嫁给曾国藩还引发了湘军一场乱子，原因是大家都把他当圣人，可是他居然找了个美女，这太不符合圣人的身份了！

然而曾国藩命中注定享受不了女人的温情，想不到这陈氏嫁过来之后，就立即吐血，吐血两年就死掉了。曾国藩很郁闷，白白地追求了一把爱情，居然追求到了一个女病人。

到了晚年的时候，曾国藩已经是德高望重了，成了帝国公认的真正的圣人了。但他忽然又不想做圣人了，他还是想找个美女。可让谁帮他物色呢？他儿子。曾国藩让他儿子帮他物色一个苏州的美女，要温柔的，脾气要好的。他儿子接到老爸的信之后，立即把这封信给曾国藩的妻子欧阳夫人看。欧阳夫人看了之后勃然大怒，全家立即出发去找曾国藩算账，为了这件事，中途还死掉了一个孩子。找到曾国藩之后，因为路途奔波，全家一起病倒，曾国藩既要伺候这个又要伺候那个，心里后悔莫及——我干嘛要找美女，以后不找了！

所以曾国藩这一生，是极力想做一个普通人而不得的一生。洪秀全这一生，则是极力想把自己美化成一个神仙而最终失败的一生。

圣人与神棍

当洪秀全领导的太平天国崛起于东南之时，谁最高兴？帝国主义列强最高兴。因为洪秀全说他是耶稣的弟弟，这就预示着一个新的基督帝国有望在东方的地平线上出现，传教士们兴奋地奔走相告。美国公使奉命来华，直接去天京找洪秀全，出发的时候国会授权给他，如果与洪秀全会谈的条件尚可，可立即承认洪秀全政权，也就是说，美国在原则上已经准备跟洪秀全的太平天国建交了。

与此同时，大批传教士企图涌入金陵，与洪秀全展开理论。理论些什么呢？补叙一下，在洪秀全创立太平天国之后，他很快下令烧毁一切书籍，不管儒家的还是道家的书籍，他都称之为妖书，全部烧掉，然后他自己编书。在他编写的课本中，讲述了他在天庭上的很多经历，其中有一段他讲道上帝、耶稣和他爷仨斥责孔子，指着儒家经典对孔子骂道：这是不是你写的书，你怎么能这么乱写呢？你把我的人都给教坏了。孔子便一边狡辩一边企图逃跑，于是洪秀全就率领天兵天将去捉拿孔子，最后把孔子给抓回去了。当时太平天国的老百姓每天就学这些东西。

除此之外最要命的是，在他的文本叙述中出现了一个美丽的女人，这个女人是谁呢？洪秀全称之为天嫂，也就是耶稣的妻子。在洪秀全的描述中，这个天嫂特别的温柔，对洪秀全又疼又爱。这个故事很浪漫，可是传教士们都要疯了。要知道，基督教是一神教，只认一个上帝。按照洪秀全的说法，耶稣又娶了个老婆，耶稣的老婆起码也是一个神吧，可是这样一来，基督教岂不成了多神教了？所以传教士们非常希望跟洪秀全讨论讨论，澄清洪在这个问题上的错误认识。要知道，宗教的教谕是非常神圣的，哪怕一个字的更改，都有可能引发流血千里的混战。

结果这些人到了天京，洪秀全并没有见他们，因为洪秀全不想见任何男人，他只见女人。但杨秀清却给这些列强发了一封函，告诉他们：你们不必磕头了，贡品留下就回去吧。美国公使一看，这个政权有点怪，没法承认。就这样，洪秀全便失去了获得列强支持的机会。

与此同时，曾国藩则开始研究数学，第一本翻译到中国的《几何原本》便是在曾国藩资助下，由数学大师李善兰完成的。中国人自己造的第一个地球仪，也是在曾国藩的支持下，由一个叫方子恺的人制作的，曾国藩还专门盖了一所大房子来放这个地球仪。

曾国藩一直在试图跟世界靠拢，而洪秀全却闭上眼睛关上门，距离世界越来越远。

当我们探讨为什么曾国藩能够战胜洪秀全，一个关键的原因就是曾国藩掌握了儒家思想的精髓——打开门户，广纳吸博。曾国藩能够接受西方的自由思想，也能接受西方的科学思想。而洪秀全脑子里未曾有一天想过这些问题，他想的问题很简单，临幸美女，吃油炸蜈蚣，除此以外没考虑过其他事情。

当湘军与太平军的战事最吃紧的时候，曾国藩每天所做的事情是激励士兵，调运粮草，观察战况。那么洪秀全在干什么呢？洪秀全曾经发布了一个诏书，诏书上说天王府中有一只鹦鹉，这只鹦鹉每天说话，说什么呢？说"亚父山河永永崽坐，永永阔阔扶崽坐"。什么意思呢？就是说这个江山是洪秀全的，将来就是洪秀全的儿子的，世世代代都是他们一家的，

别人甭想坐江山了。洪秀全声称这只鹦鹉宣扬的正是上帝的旨意。

可以说，洪秀全本质上就是一个神棍，他虽然缔造了一个神权帝国，但是无改于他的愚昧，所以失败是一个必然的后果。曾国藩的成功在于一种探究精神，他探究军事，探究现代科学，探究儒家思想的精髓，探究做人做事的规律。曾国藩不仅在政治军事上非常成功，他的学术思想也有很高的造诣。

在曾国藩的日记中，他留下了对人生和世界规律的深刻解读。曾国藩认为，一个人一生事业的成功与否，百分之三十靠个人的能力，百分之七十靠运气。什么叫百分之七十靠运气？意思是说，那百分之七十是掌握在别人手里的，别人不支持你，你这百分之三十就无以立足；别人如果支持你，你即使不足百分之三十也能得到弥补。所以曾国藩一生都在精研如何与人合作。

正是这种对学问、对思想、对如何做人处事的探究，构成了曾国藩宏大的儒学思想体系。在这场奇奇怪怪的宗教战争中，儒家再一次取得了胜利，洪秀全那些奇特古怪的东西则终于被平灭了。

曾经有人假设，如果再给洪秀全和这个太平天国二百年的时间，一切会不会在基督教教义的教化下慢慢变好？我们可以肯定地说，永远不会。因为这个神权帝国所信奉的只是权力和无尽的杀戮，不是人性中的善和美。

第十一回

女人的神秘智慧
慈禧VS李鸿章

　　慈禧，中国历史上最传奇的女人之一。她如何从一个未查明出身的妃子，走上了历史舞台和权力舞台的中心？又何以能统御曾国藩、李鸿章这样的儒家俊才豪杰？李鸿章凭借着过人的胆识和智慧，成为第一个与外国人合作组建雇佣军的中国人，却为何如此惧怕慈禧这个老女人？这位登上历史图册的女人，到底有着何等的智慧与谋略？

大 清 擂 台 上 的 权 力 游 戏

李鸿章曾被西方媒体誉为"东方的俾斯麦"。谁是俾斯麦？此人被誉为具有"狮子一样的雄心，狐狸一样的狡猾"。俾斯麦在欧洲可以说是政治智慧的象征，他不仅有勇有谋有智慧，还有思想。而李鸿章被称为中国的俾斯麦，这意味着西方对李鸿章的肯定。

所以李鸿章到德国见了俾斯麦之后，他对俾斯麦说了这么一句话：他们有人说我是中国的俾斯麦。俾斯麦笑了，说：如果有人说我是德国的李鸿章我可不高兴。那么俾斯麦的话是什么意思？意思是说我俾斯麦是唯一的，我是无法效仿的，你李鸿章跟我比不了。然后俾斯麦劝说李鸿章：你也不是一个一般能力的政治家，你有雄才大略，可你为什么不做点努力改变你的国家呢？李鸿章只是叹息了一声，说：你知道什么呀，在一个女人和一个孩子手下做事，难呐！我摊不上像你们威廉那样的皇帝，你们威廉为了国家强大，他愿意自己受点委屈，但是中国的皇帝没有一个愿意让自己受委屈的，宁肯亡国他也绝对不受一点委屈。

当然，这话他不会明着说出来的，但是搁在俾斯麦身上，他是无法理解李鸿章的。不仅他无法理解，我们也无法理解。慈禧太后到底有何能力，她为什么能统御李鸿章？把问题往前推一步，她为什么又能统御像曾国藩那样千古不遇的智者？

两个女人的夺权行动

慈禧这个女人，充满了神秘色彩，就连她的身世也充满了神秘。她入宫的时候不是正妃，她是从偏园抬进去的。当时的审核部门也不尽责，连她的出生地都没闹清楚。但是她究竟在哪里出生并不重要，重要的是，她入了宫，并受到了咸丰皇帝的宠爱。她与慈安分享了咸丰皇帝的恩宠。慈安是东太后，她是西太后，她们俩分庭抗礼。这么一个女人，按照历史惯例，应该是没有多少作为的。但是，中国特色的权力政治，最终把这个女人推向了权力的中心。

当太平天国战争走向末期的时候，也就是湘军在围困天京大营、进行疯狂进攻的时候，咸丰皇帝病重，于是打算把江山留给儿子同治。但是出现了一个问题，就是同治年龄太小了，咸丰必须要在朝廷中形成一种权力制衡，以保护同治。皇太极死的时候有摄政王，顺治死的时候有顾命老臣，到了咸丰死的时候，他在生前委任了八个顾命老臣，由八个老头来辅佐小同治。

这八个老头在历史上也是大名鼎鼎，但是他们倒霉，他们遇到了慈禧。当咸丰皇帝任命这八个老头的时候，他还必须考虑这样一个问题：如果这八个老头看我儿子不顺眼怎么办？他们一下子把我儿子给废了怎么办？我的儿子能对付得了八个老头吗？

所以必须要再次分权，不能让八个老头掌握全部的实际权力。那么再次分权，权力就落到了两宫太后手中。辅政大权留给了八个老头，咸丰把玉玺留给了两宫太后——慈禧和慈安。这个安排也不合理，咸丰忘了一件事：两宫太后也可以拟旨。他只想到八个老头写旨，由这两个女人盖章，这样才能生效。

这样安排的时候，咸丰显然忘记了这个事，可是慈禧知道机会来了，权力等于已经授予了她，她只要在这个纸条上写个字再一盖章，那就是圣旨，全国人民都得照办，这就意味着权力。

当咸丰皇帝的尸体还在热河，两宫太后和八个辅政老臣就已经水火不容了。为什么水火不容？史书上说这八个老头天天去宫里闹事，经常嘲笑这两个女人，欺负小同治。当然所有说法都可能是胡扯，真正的原因就一个：两宫太后要夺权。

她们要把这个权力从八个辅政老臣那儿夺回来，那么她们夺回来干什么呢？这咱们就甭管了，反正权力在自己手中总比在别人手里好。就这样，两宫太后跟八名辅政大臣就形成了一种水火不容的对峙。

当时慈禧密写书信，请恭亲王、醇亲王赶来助阵，要铲掉八大辅政老臣。这个书信发出之后，矛盾已经尖锐化了，慈禧同时紧急召武将胜保入热河护驾，也就是说，双方已经形成了军事政变的可能。但事实上真正政变的是两宫太后，那八个老头还稀里糊涂。可是被慈禧、慈安她俩一喧嚷，好像她们处境是何等的危险，而这八个老头对她们是何等的不尊重，好像这八个老头要大逆不道胡作非为，但其实什么事也没有。可是不管有没有，当时大伙都认为有，这就是八个老头的悲剧了。

于是，就在八个老头护送着咸丰皇帝的灵柩回京的时候，慈禧、慈安这两宫太后却先行一步，首先赶到了京城，到了京城之后就秘密布置。当这八名老头被拿下的时候，一个个都很惊讶：拟旨是我们拟的，圣旨也都

是我们写的，这道圣旨我们还没写呢，而且我们也不可能抓我们自己啊！他们理解不了。可是他们忘了慈禧、慈安是可以写圣旨的。咸丰皇帝临死前的布置，等于是把权力直接给了慈禧或者给了慈安。而慈安又没有能活过慈禧，于是权力最终就落入了慈禧太后的手中，从此慈禧太后成了影响中国近代史非常重要的一个人物。

吃完了赶紧跑

　　慈禧一向被视为卖国贼的象征，被视为丧权辱国的象征。但是要记住，这个女人不是那么简单的。国是那么好卖的吗？以一介妇人能够统御曾国藩、李鸿章这样的儒家智慧之花，是那么容易的事吗？想知道慈禧太后为什么会有这么强大的权力和能力，得先从李鸿章的个人经历说起。

　　李鸿章走的路，跟他的老师曾国藩一样，也是参加科举考试，轻松地进入翰林院，而且也成了编修，官职算是很高的了。就在李鸿章在京城做官的时候，有一天他出去买书，走在街上遇到两个安徽老乡，那两个安徽老乡叫住他说：李编修，你知不知道啊，长毛军已经打到咱们安徽了，安徽的父老乡亲死伤无数，你是咱们安徽人，又在北京城中做这么大的官，你难道不跟皇帝说两声，让皇帝想想办法吗？

　　李鸿章一听，就想：这事我得说话。不过又一想：我只是个翰林院编修呀，是没有资格上奏章的，得找一个有资格向皇帝上奏章的人。于是，李鸿章找到了工部侍郎，这工部侍郎也是安徽人而且有资格上奏章。李鸿章找到工部侍郎把情况一说，这工部侍郎就说好，反正你文笔好，你来写。

于是李鸿章就提笔写了个万言奏章。

奏章报上去了，皇帝一看哈哈大笑，说：你既然提出了问题，那么你肯定有解决方案吧，没有解决方案你提什么问题？既然你要解决安徽的问题，你又是安徽人，朕看解决的方法只有一个，你回去给我训练团练去对抗太平军。

当时工部侍郎就傻眼了，心想早知道我就不上这个奏章了，回头再一想，都是李鸿章害了我，他把我坑惨了。于是这工部侍郎灵机一动，说：启奏陛下，臣再保荐一人，翰林院编修李鸿章，这个人雄才大略，留在京城可惜了，也应该把他派回家乡去训练团练。咸丰皇帝大喜：好，李鸿章也去！

李鸿章就这么回家了，从此李编修就走上了前线，开始与太平军对峙。查李鸿章的家书，他回到安徽后，有六年的时间里，他带领的只约有一千名家丁，而他的敌人有多少呢？最少的也有十万之众！李鸿章的主要任务也是在十万强敌的追逐之下疯狂逃窜。有一次，李鸿章带着他的队伍逃了回来，进入帷子里时，发现家人已经逃窜一空，刚煮熟的饭还在锅里。李鸿章把锅盖一掀，一只脚蹬在炉台上，拿起饭碗盛了饭，然后吼了一声：赶紧吃，吃完快跑！

李鸿章在安徽打了六年的游击，这六年间死了无数的朝廷高官，他始终没死。不仅没死，碰上了一场大战役，他还能出来立个战功，可平时他躲哪儿谁也不知道了。但是六年之后，战局逆转，曾国藩的湘军练成，与太平军展开了决战，所有战役都是大规模的，像李鸿章的这种游兵散勇已经没法子混了。万般无奈之下，李鸿章就投奔了曾国藩幕府。

孔子不会打洋枪

曾国藩的幕府可以说是一个恐怖的"疯人院"，为什么这么说呢？查看曾国藩的日记可以知道，他的幕府里聚集了当时全世界最奇怪的一批人，有科学家、技术专家、师爷，有会写毛笔字的，还有精通国学的，各种怪人全在那儿扎堆。他有一个幕僚叫项伯常，这个项伯常在那儿干了几年，结果得了肾病，导致小便不通，只好憋着。猜猜曾国藩干了什么？他把这帮怪人们全聚集起来，开了一个恐怖的会议，找了一个非常邪门的法子，把项博常给弄活了。弄活了之后怪人们群策群力，继续折磨这个可怜的项伯常，折磨了一夜又把项伯常给折磨死了。

这些故事全都记载在他的日记里，看的时候会觉得毛骨悚然，可以想象一帮白胡子的怪老头儿围着一个人来回折磨是一副怎样的恐怖场景。当然，这也可以说是曾国藩在科学道路上的一种探索，只是太离谱了。

李鸿章来到的就是这么一个地方，他一来就形成了他的无可动摇的优势地位。为什么？他懂战争，他在六年时间里，能够在少则十万、多则四五十万的太平军追击碾压之下逃得性命，岂是一般人物能做到的？不光懂军事，他本人也是儒学大师，于是曾国藩就对李鸿章高看一眼。

但是两个人的合作并不是那么愉快。在曾国藩的湘军与太平军对峙的过程中，曾经有一次秘密会议，参加这次会议的有中兴四杰：胡林翼、曾国藩、左宗棠，再就是李鸿章。他们商量要一战而决天下，彻底扫平太平天国，照此计划，就要将湘军的大营移到祁门这么一个地方。当时祁门是一个非常危险的地方，因为若湘军驻营于此，就会将太平军一切两断，所以太平军肯定会疯狂进攻这地方。

李鸿章对这个战略部署相当不满意，李鸿章说祁门这个地点就像一个锅底儿，人家一翻我们就完了，我们不要驻扎在这儿了，换个地方吧。但是曾国藩不让换，就这个地方。

于是李鸿章起了离开曾国藩幕府的念头，可是走也得找个借口。恰好曾国藩有一个得力的部下叫做李次青，他自始至终追随着曾国藩，不过他并不是一个统兵的将领，而且眼睛高度近视，但在无将可用的情况下，这个高度近视眼也被派出场了。出场的结果是李次青被太平军打败了。吃了败仗之后，曾国藩很恼火，要上奏章弹劾李次青。这下子李鸿章总算逮着机会了，趁机闹事，反对弹劾，理由是这次弹劾了李次青，那么下次就要弹劾自己了。李鸿章真实的意思是要闹事，要逃离这危险之地。

后来他真的逃了，他跟曾国藩大吵一架之后撂摊子走人了，不管了！留下曾国藩一个人在那儿担惊受怕。一直到几支湘军把太平军彻底切割（首先消灭了陈玉成，其次拿下了李秀成），到最后决战的时候，想要一战而平天下，必须有一个最卓越的领导人远奔上海，从上海那边切断太平军。谁能承担这个使命？只有李鸿章。所以当李鸿章再回来的时候，曾国藩是一点不敢怪他，因为他有能力，而且他必然要承袭曾国藩的衣钵，曾国藩对他得赔笑脸。

于是李鸿章奉了曾国藩之命，首先返回安徽组建淮军。这个淮军，如果追溯他们的来历，其实都是被俘虏的捻军，但是当他们追随李鸿章的时候，他们的政治生命就重新开始了。这样一支淮军，雇佣了外国人的轮船，穿越太平军占据的领地，直奔上海，接着又拿下了苏州城。而且，李鸿章

是第一个跟外国人合作组建雇佣军的人，他雇佣了戈登，组建了洋枪队，算是第一个吃螃蟹的人。

但吃螃蟹的不光是李鸿章，太平天国那边也在吃。李鸿章这边的洋枪队是戈登，太平军那边也有洋枪队，领头的叫白齐文。但是这个白齐文的能力比戈登要差点，而且白齐文之所以去太平天国那边，就是因为他能力太差，曾国藩他们也对他不屑一顾，所以他一气之下，就跳槽了。也就是说，这场战役已经不再是一个民族的对决，它成了一场骑士之间的战争。最后在曾李的共同配合之下，洪秀全的天京被重重围困，最终被攻克。

这个时候，朝廷或者说是慈禧，就宣曾国藩入京，李鸿章就正式取代了曾国藩。从此之后，李鸿章就成为了帝国最重要的人物之一。

李鸿章后来在到了德国见了俾斯麦之后，还专门去参加了一个炮展，并且把普法战争中德国使用过的那些炮全部买回来了，这些炮一直到民国的时候还在打、还在用，只是说没有炮弹了。李鸿章考察天下大势时，他曾说过一句话，即"孔子不会打洋枪，不足畏也"。很多人不懂这话什么意思，翻译出来的意思就是：时代变了，世界变了，儒学思想也必须要变。

还有一句话，也是李鸿章在考察天下大势时说的："三千年未有之大变局，数千年未有之强敌。"什么叫"三千年未有之变局"？三千年以来中华帝国始终是一个权力体系，但是李鸿章说现在中国必须要变，这三千年没变，所以中国落后了，现在必须要变。那"数千年未有之强敌"呢？过去数千年来的敌人始终是被愚弄、被统治的民众，但现在不是了，统治者面临着新技术的威胁，想要保存自己，就必须要学习这些东西。所以他发起了洋务运动，而这个洋务运动也获得了慈禧太后的支持。我们描述李鸿章的这些能力、这些事迹，其实勾勒出来的正是慈禧太后的强势。

救了大清国，成了卖国贼

再回到最初的问题，慈禧太后是如何统御李鸿章的？李鸿章能够在百万军中存活，可是他却无力对抗一个妇人和孩子，慈禧掌控权力的技巧和奥妙究竟在哪里？要寻找这个答案，李鸿章晚年的经历或许可以给我们一些启示。

当李鸿章年龄越来越大的时候，慈禧也从北京政变时的一个小姑娘慢慢变成了一个老太婆。但是列强的进逼一天比一天急迫，最糟糕的是，中国本土盲动的民族主义情绪在膨胀，这种膨胀的产物就是义和团。可以说，义和团是一支有些愚昧的排外力量，它崛起于山东，没有太多政治目标。他们提出的口号是"扶清灭洋"，可他们灭得了洋吗？当义和团进京的时候，一日之内杀人十万，举凡一般的民众，戴着眼镜，戴着支钢笔，或者手里拿着一张纸的，都在被杀之列。

义和团初入北京的时候，第一个工作是抓汉奸，他们怎么抓呢？拿着火把念动咒语，把火把一扔，落到谁家屋顶上，谁家就是汉奸，屋里人不许出来，外面人也不许救，敢救立即杀。因为上天给了启示了，告诉了火把谁家是汉奸。

这样一支愚昧的力量扰乱京师，他们切断了北京城与外界的联系，并且导致了慈禧太后头脑发昏，对当时全世界最强大的十一个国家宣战。宣战的结果是有三个国家装孙子躲起来没敢吭声，但还是有八个国家认为你

既然宣战了，我们就得过去跟你过过招，这几个国家也就是历史上的八国联军。八国联军来了多少人？最多的是德国人，但也不过是八千人，日本人是六千人，最少的是比利时人，来了七个人！

当八国联军登陆的时候迎战他们的是义和团武装，多少人？三十二万人！也就是说三十二万义和团迎战两万名外国军队，兵力对比是十六比一。但是八国联军提心吊胆端着枪一直走到北京城也没碰到这三十二万人，一打听，这三十二万人都回家做饭去了。因为他们只敢砍杀无辜的老百姓，真正的侵略者他们是不敢碰的。八国联军进京慈禧都不知道，子弹已经射进紫禁城了，慈禧这才匆忙逃走（可参阅张建伟：《最后的神话》，长江文艺出版社 2011 年 10 月，第 189、213 页）。

慈禧逃出北京城之时李鸿章正在广州，此时广州来了一艘船，法国人的，船上有一个人，他是谁呢？孙中山派来的使者，他来找李鸿章，是跟李鸿章商量一件事——孙中山建议，让李鸿章做中国的大总统。李鸿章接到孙中山这个建议，正不知道如何表态时，这时候占领北京城的八国联军的总领队瓦德西，也派人来找李鸿章，给李鸿章提了一个更诚恳的建议，说现在慈禧老太后已经下落不明，多半是死了，要不这么着吧，你李鸿章出来做中国的皇帝如何？

李鸿章一听这个好啊，可是万一老太太回来了呢？不行！不管是做皇帝还是做总统，必须要经过民主选举，不能咱俩说了算！于是以两江总督刘坤一为首，一人帮老臣就开始了一场推举李鸿章当大总统的轰轰烈烈的运动。当这个运动正持续的时候突然曝出特大的冷消息：慈禧老太后重出江湖！她跑到了陕西。就这样，李鸿章的总统梦破灭了，他不仅做不成总统，他还得回北京城跟八国联军谈判，并且在他的脑门上还要写下三个字：卖国贼。

慈禧的御人之术

慈禧究竟有何能力，让李鸿章对她形成如此的疑惧心理？难道慈禧活着李鸿章就不能做总统吗？这就牵扯到慈禧的掌控权力的秘密，即慈禧是怎样统御曾国藩、李鸿章这些大臣的。

前面讲到了曾国藩跟洪秀全的数年征战，讲到了曾国藩在京城的时候向理学大师倭仁学习修人之法。当曾国藩平定了太平天国、立下赫赫战功时，被慈禧太后宣到了北京城，在朝堂觐见时，汉人臣子排第一位的是曾国藩，满人臣子排第一位的是倭仁。也就是说，曾国藩立下不世的功业，也最多跟什么活不干的倭仁打个平手。这个倭仁就是用来牵制曾国藩的。

同样对李鸿章而言，也有那么一大票人是专门牵制他的，这票人又称之为清流。什么叫清流呢？就是理念纯净之士，他们绝对不会沾染任何实际工作，因为实际工作是要妥协的，是要有一些龌龊的交易的，而清流是不需要的，他们只需要坐在旁边评论、批判。而慈禧太后统御李鸿章的招数就是，她一面让李鸿章干活，而另一面重用一批什么活也不干、专门批评李鸿章的人。这批人的存在，就对李鸿章构成了莫大的牵制，李鸿章要想做皇帝或者做总统，那么他就必须用暴力杀掉这些人，可是如果使用了暴力他就不是李鸿章了。这就是慈禧太后的权力运用之道——牵制。

所谓权力的秘密，就在于它不是用来干成事的，而是用来让你干不成事的，这就是权力的精髓。

第十二回

革命的时代

袁世凯 VS 孙中山

　　当袁世凯用建设的方式摧毁帝国的时候，以孙中山先生为首的"清末四大寇"横空出世。原本在两个世界的人，突然有了命运的交织。而袁世凯为什么能凭一己之力，将日本人阻挡在朝鲜半岛之外十一年之久？当中国的局势在一个极端混沌的时局下，革命又是如何开始的？最伟大的幻想家与最伟大的实干家的历史交锋是如何展开的？

大　清　擂　台　上　的　权　力　游　戏

历史车轮滚滚，大清帝国终究难以逃脱衰败腐朽的历史规律，而与以往的朝代交替不同的是，国门被迫打开的中国，走进了一个全新的时代——革命的时代！我们终于迎来了中国近代最伟大的实干家与最伟大的幻想家、最伟大的建设家与最伟大的革命家的对峙——袁世凯 VS 孙中山。

在朝鲜立下第一个功绩

首先要出场的是袁世凯，他在历史上被称为袁大头。如果过滤掉纯粹的政治符号，那么关于袁世凯的真正研究也许从未开始。关于他对我们民族的影响，对我们现在价值观念的界定，仍然是一个深远的课题。

在历史教科书上，袁世凯被四个字牢牢地束缚住——窃国大盗。但是一个人，要让他成为一个窃国大盗也不是那么容易的，他必然有着他的过人之处。袁世凯的过人之处何在呢？这一点也许日本人和韩国人比我们中国人有更深刻的认识。

袁世凯一生都是日本的敌人，对于袁世凯的早年研究，日本人比我们更先行一步，他们曾经出动庞大的间谍机构收集关于袁世凯的资料。这些资料表明，袁世凯对书本不是太感兴趣，但是他非常有才华。他有一个志

向，希望效古之班昭，立功于疆域之外。

为了实现这个理想，他每天呼朋唤友，周游闹市，在当地的声誉很不好。于是家人给了他一笔钱，把他打发出去。袁世凯离开家乡，很快就被一帮骗子盯上了，他的钱很快花得精光。就在这个过程中，他忽然听说上海有一家妓院来了一个红妓女，此时他已经没钱了，按说是没有资格再去干这件事了，可是袁世凯根本不考虑，立即过去排队，要求见一眼这个红妓女。

这位妓女一见袁世凯，大吃一惊，对袁世凯说，你不是个普通人，为什么要把自己当成一个贩夫走卒，来干这种事？你现在应该在建功立业的疆场上。袁世凯很惭愧：不好意思，我现在身上一分钱也没了。这个妓女告诉他：没钱不要紧，我给你。我先把我赎出来，剩下的钱都给你，我等着你回来。

这个妓女把钱都给了袁世凯，此时袁世凯开始考虑重新规划他的人生了，因为已经有人对他寄予期望。于是袁世凯带着他的一群狐朋狗友去投奔了他父亲当年的朋友、清军的统领吴长庆，当时吴长庆的庆军驻扎在青岛，袁世凯到后不久，朝鲜那边出了乱子。日本强大了，而强大了的日本第一个目标就是要夺取朝鲜。当时的日本是以中国自居的。日本人宣称夺取朝鲜的目的，是为了驱逐鞑虏、光复中华。当日本人准备对朝鲜动手的时候，大清帝国这边一片慌乱，急调吴长庆的庆军，共三千人入朝鲜，而袁世凯就追随着吴长庆去了朝鲜。

根据国内的相关信史以及日本人的研究，袁世凯初露头角是在海船登陆的时候。当到达朝鲜的时候，没有人敢上岸，因为谁也不明白岸上的情况是什么。这个时候袁世凯挺身而出，带着他的狐朋狗友总计五百人，率先登陆，然后直驱平壤，进入韩国王宫，宣告天朝大兵到了。这是他为帝国立下的第一个功绩。

这个时候，越南那边又出了乱子，法国人来夺取大清属国越南。越南的战役导致了整个中国战局的混乱。当时朝廷下令急调吴长庆带一万人马回国，防范越南那边出乱子，朝鲜那边就由袁世凯守卫。为什么是袁世凯？因为他胆大，敢杀人，就由他带领着一千五百人驻扎在朝鲜。此后袁世凯的命运就开始跟日本人纠缠，终其一生。因为日本人对朝鲜一直都有所图谋，两者之间就形成了直接的冲突。

日本人评价说，袁世凯以一己之力，把日本人阻挡在朝鲜半岛之外达十一年。在这十一年中，只要有一天袁世凯懈怠了，日本人就会长驱直入，那么甲午海战就会提前爆发。可正因为袁世凯死霸着朝鲜不动，日本人始终无法越雷池一步。但是日本人甘心吗？他们不甘心。

到了第十一年，朝鲜那边又出了乱子。清廷跟日本达成协议，双方都不要派兵过去，避免乱局扩大。协议签订后，一万名日本兵也随即登陆朝鲜半岛，第一件事就是将袁世凯的衙署团团围困，九门大炮居高临下，直接对着袁世凯的脑袋。

在这种情况下，在九门大炮的威胁下，袁世凯急忙给朝廷写信，说我快顶不住了，我的厨子、仆人全跑了，就剩我一个人了，现在九门大炮对着我，我要求休假。

朝廷一看信说：袁世凯你这个胆小鬼，九门大炮就吓住你了，休什么假？不行，不许走！

接着朝廷又收到几封电报，是别人打来的，说袁世凯病了，因为他没的吃，也没的喝，被日本人困死了。这个时候北洋李鸿章才下了决定，让袁世凯回来，实际上就是给袁世凯一个体面的逃走机会。袁世凯逃出来之后，英国驻华公使朱尔典用军舰把他直接送回了中国。

袁大头 = 冤大头

之后就是震惊中国人的甲午海战，这场海战在我们的历史描述上是非常矛盾的，也是难以言述的。当北洋水师全军覆没的时候，用我们现在的说法，这叫国耻。但当时中国的有些知识分子是一片欢呼，为什么呢？因为日本人的口号是"驱逐鞑虏，光复中华"，北洋的这些军舰就是鞑虏的装备，必然要驱逐的。而这些知识分子认为，日本人将有可能推翻清政府，中国人就可能迎来自己的解放，这是一次难得的契机。这么一种错综复杂的历史认知，勾连撮合在一起，导致了当时时局的一片混乱，人们无法准确地认知、评价这一事件。不过虽无法评价，却不妨碍对其谩骂。

于是，所有的人一起来骂袁世凯，都怪袁世凯，要不是他太笨，至于引起黄海大战吗？至于让日本人进攻中国最后把我们打败吗？都是袁世凯的错。甚至还有人提出要杀袁世凯。而袁世凯呢，就每天躲着不敢见人。

躲了一段时间之后，袁世凯又发现了一次崛起的机会。随着大清水师的失利与覆没，战争迅速向中国内陆逼近。也就是说，中国的控海权已经失去，现在急需一支强大的陆军来维系国家的安全。谁能建设这支陆军？袁世凯放眼一看，好像没人，就我一个。于是袁世凯就向朝廷提出来，希望派他来练兵，并且找到了军机大臣荣禄，希望荣禄能够帮助他获得练兵的资格。

但是他发现自己来晚了一步，当时的大清已经有专人开始在马场练兵。袁世凯不服，请求跟那位练兵者来场对决。大清国也有意思，还真让他们俩对决了一下。对决的结果，是对方真的啥也不懂，袁世凯是唯一的人选。

慈禧太后看了之后，传旨这个兵还是让那个啥也不懂的练。这把袁世凯气得不行，说如果不让我练兵，这帝国就完了。

悲愤之下，袁世凯找了李莲英。李莲英提示他说：你见到慈禧太后，要多说老太太高兴的话，如果老太太脸色不好，你就不要说下去了。袁世凯说：你说的对倒是挺对，可是你忘了一件事，我见慈禧时我是跪着的，脸要朝下，看不到她的脸啊。我怎么知道我说的话，她高兴不高兴呢？李莲英说：简单呐，到时候你也不要想着抬头看老太太脸，你就看我的脚，如果我两只脚是外八字，表示老太太很高兴，你就接着说；如果两只脚是内八字，就说明老太太不高兴，不乐意听了，那你不要说了。

于是袁世凯就去见慈禧，通过李莲英的这双脚辨识慈禧的表情，把老太太说得高兴了，终于获得了小站练兵的机会，并从此练成了帝国最强大的陆军——北洋军队。

当北洋军练成之后，袁世凯也迎来了他一生中的第二次危机。这次危机是满朝文武都在弹劾袁世凯，为什么？因为他手握重兵，他是把军队练成了，但是练成的这支军队是袁世凯自己的，这意味着帝国要终结。所以即使他没错，那也该杀。

袁世凯处在极度惶恐之中，他不得不巴结军机大臣荣禄，寻求一个解

脱的法子。法子是没有找到，但是权贵们达成一个共识：袁世凯是可以不杀的，但是必须要把军权从他手里夺回来。

可是北洋军是袁世凯亲手训练出来的，别人也夺不走啊。

这时候不知道谁出了一个损主意，既然夺不走，咱就来个掺沙子。怎么个掺沙子法呢？即把优选留日的士官生填充进北洋军，用他们来分化北洋、瓦解北洋。可以说，帝国为了保住自己的命，不惜摧毁自己的军队。

事实上正是这一类特殊的博弈，导致了帝国的灭亡。

当帝国在试图摧毁北洋军的时候，北洋军也在极力反抗。反抗的结果，是士官生们在军队里立不住脚。立不住脚的时候，士官生们产生了情绪化反应，他们愤怒，他们要革命，这就是辛亥革命的一个深层次起因。可以说是因为人际关系的障碍，引发了帝国内部的本质冲突。

紧接着，袁世凯又卷进了戊戌变法之中，因为谭嗣同希望获得袁世凯的支持来杀慈禧，袁世凯成为了第一嫌疑人。但是在荣禄的担保下，袁世凯平安脱险。

可是等到慈禧死后，这件事又被提出来了，因为袁世凯没有支持谭嗣同，导致了光绪皇帝的悲剧。因为这件事，爱新觉罗家族对袁世凯是刻骨憎恨。当慈禧太后死时，东京的革命党孙中山、保皇党康有为，包括国内所有的人，全部上书，请诛袁世凯，杀袁世凯以谢天下。

至于袁世凯干了什么也不太清楚，反正他太有名了。

当诛杀令下达的时候，袁世凯已经逃了。他在亲随的保护下，逃到天津，直接躲到了法租界，然后接见英国记者莫里斯，发表了一通漫长的谈话，大意就是中国的政治改革家袁世凯，要求去英国政治避难。之后各列强纷纷哗然，指责说你们是不是脑子有毛病，大清帝国所有的活都是袁世凯一个人在干，他是唯一一个懂事理的，你们还要杀他？这时候大清帝国也不好意思了，表示：袁世凯可以不杀，但是他必须交出兵权。

就这样，袁世凯幸运地度过了这次危机，从此开始了一个漫长的隐忍等待。等待什么？等待由他亲手扼死帝国。

暗杀比起义更吓人

袁世凯与孙中山在革命时代风云聚会，他们一个是伟大的实干家，一个是伟大的幻想家；一个是伟大的建设者，一个是伟大的革命家。当袁世凯以一个建设者的身份，用建设的方式摧毁帝国的时候，以孙中山为首的"清末四大寇"（指孙中山、陈少白、尤列、杨鹤龄四位反清志士）横空出世。

孙中山一生最仰慕的人之一是洪秀全，他希望自己能成为洪秀全第二，他愿意以洪秀全的方法，组建一个他理想中的国家，摧毁这个既定的帝国。他为什么这么想呢？很简单，因为他接触到一些海外的先进思想。

早年的时候，孙中山也没有这么激进。他曾经去求见李鸿章，提出了一个建议，说中国应该人尽其才、物尽其用。当时李鸿章还说，你这个建议真是太好了，不过怎么具体执行呢？

对此孙中山是左考虑右考虑，发现只有一个招——革命，别的招好像都不管用。孙中山与李鸿章走不到一起去，从此他就走上了一条与清朝为敌的革命之路。那么他的支持者是谁？是一些日本人。在日本有这么一群人，他们一直在中国到处寻找英雄，能和他们共同起事，光复中华，恰逢

其时，孙中山进入了他们的视线。就这样，一个崭新的时代来临了。

当八国联军进入北京的时候，另一场事变正在广州进行。也就是说，孙中山领导的第一次起义，恰恰发生在八国联军进入北京的同时。这次起义获得了日本人的全力支持，但是随后日本人又撤销了支持。为什么呢？因为进入北京城的日本人就有几千名，现在又有日本人在广州闹，中国政府会不乐意。但是，这只是一个开始。

连续几次起事失败之后，孙中山发现他需要一个口号的感召，而他本人不具备提出这个口号的能力。但就在这个时候，一代思想家邹容横空出世，他的《革命军》发表了。它首先是发表在一张黄色的小报《苏报》上，也只有那种怪报纸才会登这种怪文章。文章一发表，就令大清王朝大为震惊。

在《革命军》这篇文章中，邹容明确提出，要想恢复中国，必须要与爱新觉罗氏展开殊死血斗，换句话说，就是要革命、要排满、要驱逐鞑虏。当时朝廷惊呼"此书逆乱，从古所无"。随后不久，《革命军》的作者邹容郁死在狱中，但是革命的口号从此响遍了中国。

孙中山就以这个口号连续在国内发动了十次武装起义，效果如何呢？不如何。爱新觉罗氏说得很明白：革命不可怕。为什么革命不可怕？因为革命流的是别人的血。这句话后面还有一句：唯有暗杀可怕。因为暗杀流的可是自己的血。爱新觉罗氏不怕你在任何一个地方发起革命，你在广州也好，你在湖南也好，随便闹腾吧，我无非是多派几个人镇压，死多少人我也不怕；但是暗杀刀子奔我来的，我就不得不害怕了。推究大清帝国的毁灭，孙中山的暗杀党应居于首功。

但是，帝国最终的灭亡，是带有极大的偶然性的，从逻辑上讲，它近乎是不可思议的。追溯这段历史，它几乎是由一连串巧合组成的。这里面任何一个巧合出了问题，都甭指望了。

首先，在日本东京黑龙会的总部，同盟会几度发生内讧。为什么内讧？一是没钱，革命是需要钱的。除此之外，还有大家对领袖孙中山的不服，以及对一次又一次起义失败的失望。

同盟会的分裂，勾勒出中国革命的一个隐秘话题。话说中国的革命主要力量是谁？是哥老会。可以这么说，中国的革命是由哥老会完成的，而且中国革命的继续也仍然是由哥老会完成的。

哥老会第一任老龙头叫王秀芳，江湖人称"四脚猪"，能够平地跳起来一丈多高。王秀芳在戊戌六君子事件之后，与康有为联手，准备起兵勤王。但是事情商量好之后康有为却没给人打款，导致了王秀芳起兵失败，第一任老龙头就这么被杀了。

王秀芳死后，哥老会的第二任老龙头叫马福益，此人身手更是惊人，一人能够对付几十个人。马福益与华兴公司的黄兴等人合谋起事，结果失败，马福益也被清军抓住，哥老会的第二任老龙头也牺牲了。

第三任老龙头叫什么始终是个谜，他有几十个名字，但在历史上的记载，应该是叫龚春台。他发动了一场大起义，结果起义被镇压，死者超过万人，全都是哥老会的会众。到了此时，哥老会已经死了三任老龙头，会众死亡人数也超过几万人，他们已经与清人结下了不可化解的血仇。

哥老会的第四任老龙头焦达峰逃到了日本，找到了孙中山，加入了同盟会。他希望能借助孙中山之力，重振天下，但是他很快发现孙中山不给力，一怒之下，他自己开创了一个共进会。当时黄兴听到这个事之后非常

气愤，对焦达峰说：你这是分裂同盟会，这里已经有一个同盟会，你又搞一个共进会，将来革命以谁为主？焦达峰说：谁的事成，以谁为主。你成，我以你为主；我成，你要以我为主。黄兴气得半死，但是拿焦达峰没有办法，这是同盟会的一次分裂。事实上同盟会分裂了好多次，但是这一次埋下了武昌起义的种子。

武昌枪响，帝国灭亡

辛亥年，武昌枪声一响，革命终于取得了重大的进展。

在武昌起义的当天夜里，起义的两个指挥中心全部被破获，起义领袖全部逃亡，也就是说起义已经失败了。可是有个大逃兵熊秉坤，是共进会的，他不服，一个人还闹腾，结果把起义的事情又闹起来了。熊秉坤挑头，按照一开始起事的规划，带领着他的人攻占了楚望台，占领了武器库。

可是，不是你占领武器库你就赢，熊秉坤手上只有四十多个人，其他人都没理他。清兵认为只要等到了天亮，起义军们冻了一宿，也就自然溃散了。可是在这种情况下，起义者又得到了一名颇具军事才干的军官吴兆麟的支持。吴兆麟不是革命党，但他是个优秀的军人，他手痒，而且他有能力摧毁武昌。在吴兆麟的带领下，武昌一举而平。

武昌虽然全部革命了，可是帝国仍在，以帝国的实力，重新夺回武昌不过顷刻之间。这时候起义者又找来一个人，谁呢？黎元洪。黎元洪的出现，最终确保了武昌起义的胜利。

当武昌枪声响起的消息报到袁世凯家的时候，袁世凯立即召集他身边的人，问道：你们说这次武昌能不能闹起来？大伙儿说：肯定闹不起来，因为革命党无人啊。这时候袁世凯说了一句：有黎元洪在，何谓无人？

那么这个黎元洪有什么能力呢？他在军界、在政界，都有着很大的影响力，正是因为黎元洪站出来，才导致了全国十九个省一片响应，如果没有他大伙是不会响应独立的。

这么一连串巧合事件，促成了袁世凯的出山。当袁世凯跟黎元洪在商议怎么解决这个问题的时候，双方是有秘密约定的。双方都同意就此机会结束帝国的性命，那么成立一个什么样的制度呢？袁世凯的理想是搞一个君主立宪制，让清帝还在，但是他们从此成为虚君，再也没有实权。为什么要这么搞呢？他要避免天下人骂自己是犯上作乱。双方还秘密商定，由袁世凯出任大总统，而黎元洪这边的革命行动，北洋军要秘密协助。

正当袁世凯跟黎元洪谈得火热的时候，南京突然爆出特大热门消息，共和国成立了，大总统横空出世，孙中山当了大总统。当时袁世凯跟黎元洪全都傻了，怎么撇了我们自己玩了？这孙中山是谁啊，他怎么跑出来的？

多方斡旋当上大总统

孙中山是怎么当上大总统的呢？

当武昌起义枪响的时候，孙中山正在典华城（即今美国丹佛市）一个华人的菜馆端盘子，正端着盘子的时候，人家告诉他说，你有一封电报。孙中山把电报打开一看，国内起事了，而且成功了。当时孙中山立即拍电，说我马上会带着大批的现款，以及军事援助回国。然后孙中山马上写信给

美国国务卿诺克斯，说我是中国革命大领袖孙中山，现在我正式向你提出来，借一笔军费、借一批火药、借军团，作为回报，当我成立国家之后，给予你美国在华若干利益。

诺克斯收到这封信一看，哪儿冒出这么一个怪人啊，就当没收着，把信扔了。孙中山信发出去之后，眼看好久没动静，那个生气郁闷呐。既然美国人不理睬，那就找日本人，于是他又去找了日本驻美国公使鹤岗永太郎。孙中山说：你帮我办成这么一件事，由你说服日本政府，邀请我中国革命大领袖赴日本一行，奠定我在国际上的地位。鹤岗永太郎豪爽地说：OK，这事就这么办，你看我的吧。说完之后，这个鹤岗永太郎躲起来了，再也找不着了。孙中山发现被忽悠了，悲愤呐！

这日本人也不理睬，那就找英国，最后找到了英国外相格雷，写了封信，还是前面那些话：我是中国革命大领袖孙中山，希望获得你们英国人的支持。格雷收到这封信就乐了，说这个孙中山纯粹是一个理论家，根本不懂得实践呀，于是回信说：我们欢迎孙先生从英国经过，我们对孙先生的全部支持就到此为止。孙中山一看还是不行，就去了法国，找到了法国的一个银行家。孙中山说，我可以拿中国的矿产做抵押，换取你们的贷款。那个法国银行家说：你说的话我听不懂啊，你自己吃饭还成问题呢，你还跟我来抵押？孙中山生气地说：你这个人没法说话，回国。于是孙中山离开了马赛港，踏上了回国之路。

回国之后，他就去了上海的惜阴堂，它的主人是一个叫赵凤昌的人。可以这么讲，如果如某些人所说袁世凯是中华民国之父，那么赵凤昌就是中华民国之母。当时赵凤昌正在家里调兵遣将，所有的政客要人全来他们家。孙中山回国之后也第一时间赶到了，参加了会议。大伙儿首先讨论的问题是，如果迫使清帝退位，得给他多少钱。孙中山一拍板：我看四千万行。赵凤昌说：孙先生你不要乱讲话，我们将来要建立的是一个民主国家，给多少钱得议会说了算，你怎么能乱说呢？于是孙中山不说话了，两人话说不到一块去。实际上最后清帝退位，答应的是一千万。

最后，赵凤昌安排说：孙先生，我来安排你去南京，由你出任中华革命军的大元帅，以你的名气和号召力，与北洋相抗衡，应该不在话下。孙中山连连说好（可参阅吴欢：《民国诸葛赵凤昌与常州英杰》，长江文艺出版社 2010 年 9 月）。

第二天马军带了六名使者来找孙中山，说：孙先生，咱们来谈谈这次选你当大元帅的事。孙中山说：你们听我说，要选咱们就直接选大总统，不要选大元帅，大元帅不是国家元首，人家外国人不给钱，只有选了大总统，那海外的援助才能到账。

紧接着，革命党放出消息，什么消息呢？说孙中山从海外归来，带来了美金千万、兵船百艘，有这么强的战斗力，北洋是不在话下的。

参与南京投票的议员们就这样全给"忽悠"住了，本来是选大元帅的，结果选出个临时大总统来，这就是孙中山"巧取"大总统的故事。

革命尚未成功

孙中山当了临时大总统之后，袁世凯就火了，他是想当这个大总统的。此时孙中山放话了，说如果袁世凯你真的支持共和革命，我这大总统可以

让给你嘛。意思是说这大总统首先是我的，但我可以让给你。

最后孙袁双方达成了一个秘密协议，这个协议是以北洋的一个战略布局为核心——划江而治，凡是江南没有独立的省份，必须马上独立，必须要宣布革命；凡是江北已经革命的省份，必须放弃革命。即形成了南革命、北皇统的局势，这中间凸显的是北洋武人的绝对实力。袁世凯借助北洋的武力，结束了大清帝国的统治。清帝国就是在袁世凯的手中，走向了它的末日，而袁世凯本人，也成为了中华民国的首任大总统。

但是，在这个革命的时代，革命是有始而无终的。当袁世凯走上大总统座位后，他发现，他面临着一个以天下人为敌的险要之势。孙中山前后发起了二次革命、护国战争，所有这些都是在日本军人的鼎力支持之下，对中国本土政权的一次清算。袁世凯顶了几年，最终上了日本人的套，踏上了称帝之路。他的这一次倒退行为，为这段历史画上了一个句号，这个句号就是：结束帝国的人，他终将为革命所结束。